Há um tempo em que é preciso abandonar as roupas usadas, que já tem a forma do nosso corpo, e esquecer os nossos caminhos, que nos levam sempre aos mesmos lugares. É o tempo da travessia: e, se não ousarmos fazê-la, teremos ficado, para sempre, à margem de nós mesmos.
(Fernando Teixeira de Andrade)

RESUMO

O presente trabalho destina-se a examinar as perspectivas quanto à atuação dos cartórios e das câmaras privadas em face do Provimento CNJ 67/2018, no uso de meios extrajudiciais de resolução de conflitos. Para tanto, foram analisadas as principais características da arbitragem, da conciliação e da mediação, identificados os requisitos de admissibilidade para o uso de tais técnicas e explicitados os elementos a serem considerados no exame de adequação entre um ou outro e sua viabilidade na modalidade extrajudicial. Além disso, foram examinados brevemente os serviços notariais e registrais, assim como o teor do Provimento CNJ 67/2018 e sua importância para os cartórios. Mais adiante, o presente trabalho procurou sistematizar hipóteses sobre o cabimento e sobre a adequação da viabilidade da atuação das câmaras privadas de conciliação e medição nos serviços notariais e registrais do Brasil, por meio do oferecimento das técnicas extrajudiciais para a resolução de conflitos aos interessados. Ao final, foi possível concluir acerca da possibilidade da atuação conjunta ou associada dos cartórios e das câmaras privadas no oferecimento dos métodos adequados de tratamento de conflitos, em especial da conciliação e da a mediação, aos interessados em resolver seus impasses extrajudicialmente.

Palavras-chave: Métodos adequados de tratamento de conflitos. Arbitragem. Conciliação. Mediação. Provimento CNJ 67/2018.

Câmaras Privadas de Conciliação e Mediação. Serviços Notariais e de Registro.

ABSTRACT

This work aimed at examining the perspectives regarding the action of register offices and private chambers in the face of the Provision CNJ 67/2018, in the use of extrajudicial methods of conflict resolution. For this purpose, the main characteristics of arbitration, conciliation and mediation were analyzed, the requirements of admissibility for the use of such techniques were identified, and the elements to be considered in the adequacy exam between one or another and their visibility in the extrajudicial modality were specified. Besides, notary and registry services were examined, as well as the contents of the Provision CNJ 67/2018 and its importance for register offices. Further on, this work sought to systematize hypotheses about the appropriateness and the adequacy of the visibility of the practice of private conciliation and mediation chambers in notary and registry services in Brazil, through the offering of extrajudicial techniques for the conflict resolution to the interested parts. In the end, it was possible to conclude about the possibility or not of the joint or associated action of register offices and private chambers in the offering of appropriate methods of treating conflicts, especially of conciliation and mediation, for people who are interested in solving their impasses out of court.

Keywords: Appropriate methods of conflict treatment. Arbitration. Conciliation. Mediation. Provision CNJ 67/2018. Private Conciliation and Mediation Chambers. Notarial and Registry Services.

SUMÁRIO

1 INTRODUÇÃO 10

2 MÉTODOS ADEQUADOS DE TRATAMENTO DE CONFLITOS 14

    2.1 ARBITRAGEM 29

    2.2 CONCILIAÇÃO 38

    2.3 MEDIAÇÃO 47

3 PRIMEIRAS PONDERAÇÕES SOBRE O PROVIMENTO 67/2018 DO CNJ E A VIABILIDADE DA ATUAÇÃO DAS CÂMARAS PRIVADAS DE CONCILIAÇÃO E MEDIAÇÃO NOS SERVIÇOS NOTARIAIS E DE REGISTRO DO BRASIL 57

    3.1 BREVE DESCRIÇÃO SOBRE OS SERVIÇOS NOTARIAIS E DE REGISTRO 66

    3.2 O PROVIMENTO 67/2018 DO CNJ E SUA IMPORTÂNCIA NA PRÁTICA NOTARIAL E REGISTRAL 75

    3.3 A VIABILIDADE DA ATUAÇÃO DAS CÂMARAS PRIVADAS DE CONCILIAÇÃO E MEDIAÇÃO NOS SERVIÇOS NOTARIAIS E DE REGISTRO DO BRASIL 86

4 CONCLUSÃO 95

    REFERÊNCIAS 100

1 INTRODUÇÃO

Teria sido nos Estados Unidos da América, em período compreendido entre as décadas de 1960 e 1970, o local de nascimento do movimento ou cultura denominada *Alternative Dispute Resolution* (*ADR*), que almejava a retomada parcial da gestão dos conflitos pela própria sociedade, insatisfeita com a deficitária prestação jurisdicional (FOLEY, 2018).

No ano 1976, aconteceu nos Estados Unidos a *Pound Conference*, que também ficou conhecida como *Fórum de Múltiplas Portas* (*Multidoor Courthouse - FMP*), evento jurídico no qual se discutiu a crise do Poder Judiciário dos Estados Unidos com o escopo de captar propostas que possibilitassem a construção de uma nova visão da Justiça, capaz de alterar a percepção do processo judicial (da lide) como exclusiva forma de resolução de controvérsias, ou seja, como única porta para a Justiça.

Foi então que surgiram alternativas, "portas" diversas para a solução dos litígios, as quais, juntas, foram denominadas *Sistema de Múltiplas Portas de Solução de Conflitos*, por meio do qual as partes poderiam ser conduzidas através de um meio consensual adequado à resolução de seus conflitos.

Percebeu-se que, por intermédio de uma espécie de triagem, seria possível identificar o melhor método para o tratamento daquele tipo de conflito (RODRIGUES, 2016).

Originalmente, a sigla empregada no português RADs representava *Resolução Alternativa de Disputas* e era utilizada como denominação conjunta dos métodos alternativos ao julgamento pelo Judiciário. Hodiernamente, tem-se adotado, com mais frequência, a expressão Resolução *Adequada* (ou mesmo *Amigável*) de Disputas para exprimir a escolha consciente de um processo ou método de resolução de conflitos, entre alguns possíveis, considerando o contexto fático da disputa e as partes envolvidas (CONSELHO NACIONAL DE JUSTIÇA, 2015a).

Tais métodos adequados de tratamento de conflitos não somente integraram o ordenamento jurídico brasileiro como ganharam expressiva relevância, especialmente nos últimos anos.

Houve expressivo esforço da doutrina processual contemporânea em abandonar o que Dinamarco (2010, p. 392) denominou de *fetichismo* pela jurisdição estatal, em prol da expansão, no plano do movimento universal de acesso à justiça, da utilização de mecanismos extrajudiciais de resolução de conflitos.

Vivencia-se, portanto, um processo de transição no qual, segundo Watanabe (2008, p. 7 e 10), a *cultura da sentença* cede lugar à *cultura da pacificação*. Período esse marcado pela busca por resultados mais efetivos, fulcrados na necessidade de se ampliarem as formas de acesso à justiça e de pacificação social, para além da técnica universal do processo estatal (MERÇON-VARGAS, 2012, p. 3).

Neste norte, a promulgação do Código de Processo Civil (CPC), em 2015, operou diversas mudanças paradigmáticas no sistema jurídico brasileiro, especialmente com a sedimentação massiva dos métodos consensuais (ou adequados) de resolução (ou tratamento) de controvérsias (ou conflitos), sobretudo em no que tange às espécies da *conciliação* e da *mediação*, que passaram a figurar, de forma latente, a fase preambular do iter para a solução de um conflito de interesses, seja judicial seja extrajudicialmente.

O Conselho Nacional de Justiça também contribuiu ativamente com essa mudança de paradigma, tanto antes da promulgação do Código de Processo Civil de 2015, por meio da Resolução nº 125, de 29 de novembro de 2010, quanto posteriormente, com a edição do Provimento nº 67, de 26 de março de 2018; formando-se, assim, juntamente com a Lei da Mediação (Lei nº 13.140, de 26 de junho de 2015) e a, um pouco mais antiga, Lei da Arbitragem (Lei nº 9.307, de 23 de setembro de 1996), um microssistema normativo dos métodos adequados de tratamento de conflitos.

O CNJ institui uma política judiciária nacional de tratamento adequado dos conflitos de interesses, inicialmente, no âmbito do Poder Judiciário, mas já prevendo a possibilidade de sua verticalização através da via extrajudicial.

Foi com o Provimento nº 67, de 26 de março de 2018, contudo, que essa verticalização contemplou formalmente, ao menos em nível potencial, todos os cartórios do País, concedendo à política nacional instituída e aos métodos adequados de tratamento de conflitos capilaridade expressiva, aproximando-os, em tese, de todos aqueles que deles desejassem fazer uso.

A implementação, todavia, da oferta desses serviços pelos cartórios é tarefa burocrática e relativamente complexa, motivo pelo qual se analisa ao longo do presente trabalho, certamente de forma não exaustiva, diante da complexidade do tema, se seria viável uma atuação conjunta entre as câmaras privadas de conciliação e mediação já existentes no País.

O presente trabalho propõe-se a investigar a possibilidade, à luz de critérios de admissibilidade e adequação, da utilização de técnicas extrajudiciais para a resolução de conflitos relativos em forma de associação ou cooperação entre os cartórios e as câmaras privadas de conciliação e mediação já existentes no Brasil.

Para isso, inicia-se a abordagem do tema discorrendo-se, na seção 1, acerca dos métodos adequados de tratamento de conflitos preponderantes, notadamente a arbitragem, a conciliação e a mediação, para, na seção seguinte, realizar-se a análise das disposições do Provimento CNJ nº 67/2018, uma breve descrição dos serviços notariais e registrais do País e, finalmente, finalizar o estudo com a análise da viabilidade da atuação das câmaras privadas de conciliação e mediação nos serviços notarias e de registro do Brasil.

O presente trabalho foi desenvolvido a partir da investigação analítica e dogmática acerca da possibilidade de compatibilização e associação dos dois possíveis prestadores de serviços extrajudiciais de adequado tratamento de conflitos.

2 MÉTODOS ADEQUADOS DE TRATAMENTO DE CONFLITOS

A necessidade de métodos adequados de tratamento de controvérsias ou conflitos remonta a milhares de anos. Essa preocupação constante com a satisfação da necessidade do acesso à justiça acompanha a própria evolução da humanidade e, segundo registros, remonta ao Código de Hamurabi, no qual já se previam modalidades de proteção especial às minorias ou parcelas consideradas mais hipossuficientes, especialmente às viúvas, aos órfãos e aos oprimidos.

Segundo Lima (1983, p. 31-32), constava do referido Código:

> Em minha sabedoria eu os refreio para que o forte não oprima o fraco e para que seja feita justiça à viúva e ao órfão. Que cada homem oprimido compareça diante de mim, como rei que sou da justiça. Deixai ler a inscrição do meu monumento. Deixai-o atentar nas minhas ponderadas palavras. E possa o meu monumento iluminá-lo quanto à causa que traz e possa ele compreender o seu caso.

Da Bíblia também se colhe, em Êxodo, capítulo 10, versículos 13 a 27, relato da implementação de forma de solução de conflitos, ao mencionar que o povo fazia fila para ser atendido pelo profeta Moisés, quando este se assentava pela manhã e até a tarde, julgando as questões que o povo lhe trazia (ALMEIDA, 1993, p. 68).

Já nos séculos XVIII e XIX, o acesso à justiça limitava-se muito à garantia formal ou processual de indivíduos ajuizarem e contestarem determinada ação, concepção assente no modelo de Estado liberal vigente e com a filosofia estritamente individualista de direitos do período, o que correspondia à igualdade formal, mas ainda não necessariamente à efetiva (CAPPELETTI; GARTH, 1988, p. 9).

Posteriormente, com o superveniente advento do Estado social e dos inerentes movimentos de ampliação do acesso à justiça, do século XX, passou-se a exigir uma atuação positiva do Estado para assegurar materialmente (e não mais somente no aspecto formal) o acesso aos direitos individuais e sociais emergentes, proclamados a todos os indivíduos (SANTOS, 1996, p. 405-406).

Exatamente nesse viés de se garantir e efetivar a igualdade material por meio do acesso à justiça é que surge a necessidade de meios alternativos de resolução de litígios como instrumentos de ampliação e efetivação do acesso à justiça.

E essa necessidade exsurge do fato que a convivência, por óbvio, não significa certeza de concordância, não sendo, portanto, sempre absolutamente pacífica, haja vista que conflitos poderão emergir até mesmo de razoáveis relações, e nos mais diversos seios, havendo a premência da sociedade de solucioná-los.

É por isso que antes mesmo de haver um arcabouço jurídico baseado em regras formais, advindas da normatização e da codificação do Direito, já existiam meios de resolução de conflitos, os quais eram ora adequados ora exageradamente exercidos pelas próprias partes ou já por terceiros.

A primeira forma de solução de litígios de que se tem conhecimento e que foi encontrada pelas próprias partes foi a autotutela, em que um dos envolvidos exercia a força (inicialmente a física), em detrimento da outra, à qual restava se submeter, de forma até mesmo natural, especialmente quando não dispunha de meios para enfrentar o oponente. Esse meio de solução de conflitos (autotutela) decorria do exercício do poder do mais forte que, por meio dele, impunha à parte contrária e mais fraca a sua vontade. Posteriormente, os meios utilizados pelo mais forte ou poderoso para o alcance do seu desiderato ampliou-se, posto que se passou, com a própria evolução social, a utilizar-se o indivíduo de outros meios de que dispunha, como o artifício, a sagacidade, o poder econômico e, por vezes, de meios violentos e demasiadamente cruéis para prevalecer sobre o oponente.

Forma outra de solução de conflitos surgiu através da delegação a um terceiro da responsabilidade pela proposição de uma resposta ao caso posto sob apreciação, tendo esse terceiro recebido legitimação para impor às partes a sua decisão, solucionando o impasse.

Essa forma de *heterocomposição*, ou seja, de técnica pela qual as partes elegem um terceiro para "julgar" a lide, para dar uma resposta ao conflito, vinculava as partes à responsabilidade privada, quando os próprios envolvidos no conflito escolhiam livremente terceira pessoa a fim de que lhes desse solução ao caso submetido à apreciação.

Desse sistema de intercessão, de delegação de competência e de poder decisório advieram mais tarde os institutos da *mediação* e da *arbitragem*, representando alternativa, quiçá, mais rápida e econômica de solução de controvérsias.

Com o passar dos tempos, acompanhando a evolução social, evoluíram também, de forma gradativa, tais formas de resolução de conflitos.

No ordenamento jurídico brasileiro, já a primeira Constituição, de 1824, previa expressamente os institutos da *arbitragem* e da *conciliação* em seus artigos 160 a 162 (BRASIL, 1824), *in verbis*:

> Art. 160. Nas civeis, e nas penaes civilmente intentadas, poderão as Partes nomear Juizes Arbitros. Suas Sentenças serão executadas sem recurso, se assim o convencionarem as mesmas Partes.
> Art. 161. Sem se fazer constar, que se tem intentado o meio da reconciliação, não se começará Processo algum.
> Art. 162. Para este fim haverá juizes de Paz, os quaes serão electivos pelo mesmo tempo, e maneira, por que se elegem os Vereadores das Camaras. Suas atribuições, e Districtos serão regulados por Lei.

Do art. 161 da Magna Carta de 1824 extraia-se, portanto, de forma clara que seria inadmitida a propositura de qualquer ação sem que antes as partes tivessem tentado a conciliação, através do Juízes de Paz (art. 162), sendo-lhes facultado, ainda, submeter o litígio a juízo arbitral (art. 160) cujas sentenças, segundo o texto constitucional, prescindiria de confirmação ou homologação pelo Poder Judiciário (ZAMBONI, 2016, p. 62)

O papel de conciliar foi delegado pela Carta Constitucional de 1824 à figura do Juiz de Paz, que ficava responsável por "conciliar as partes, que pretendem demandar, por todos os meios pacíficos, que estiverem ao seu alcance: mandando lavrar termo do resultado, que assignará com as partes e Escrivão", conforme teor do artigo 5º, § 1º da Lei Orgânica das Justiças de Paz, vigente no mesmo período (BRASIL, 1827).

Perceptível, portanto, que a Constituição de 1824 já previa de forma difusa os institutos da arbitragem e da conciliação (MOTA, 2014, p. 18).

Segundo Zamboni (2016, p. 62), além da Lei Orgânica das Justiças de Paz, também o Código Comercial de 1850 (que continha também normas de conciliação e arbitragem) e a Lei 2.033 de 1871, denominada "Consolidação das Leis de Processo Civil do Conselheiro Ribas" (que em seus artigos 185 a 200 mantinha a obrigatoriedade da conciliação como requisito de procedibilidade) reforçavam essas disposições constitucionais da Carta de 1824.

Seria somente com a proclamação da República, por meio do Decreto 359, de 26 de abril de 1980, que a política nacional de incentivo à conciliação seria abandonada, desobrigando os litigantes da conciliação prévia, por ter sido considerada onerosa e pouco útil na prática para a efetiva solução dos conflitos submetidos ao método (ZAMBONI, 2016, p. 63).

O ordenamento jurídico aboliu, portanto, a conciliação prévia como formalidade preliminar ou essencial, sob argumentos que ainda hodiernamente assolam o Poder Judiciário e são empregados pelos avessos aos métodos adequados de tratamento de conflitos, a saber: despesas da "tentativa forçada" de conciliação, procrastinação processual, eventuais nulidades, suposta coação moral à que seriam submetidos os cidadãos pela autoridade pública supostamente encarregada de induzi-los a transigir sobre os seus direitos para evitar que sofressem mais com a demora e incerteza da justiça constituída (BRASIL, 1980).

Tais motivações constaram expressamente do Decreto n. 359, de 26 de abril de 1890, o qual, todavia, não negou validade aos acordos já entabulados que continuassem produzindo efeitos jurídicos. O Estado, entretanto, cessou os incentivos os meios conciliatórios, deixando de oportunizar meios adequados para a conciliação dos litigantes, tendo, inclusive, extinguindo a figura dos juízes de paz (LUCHIARI, 2012, p. 66-67).

A ausência de previsão constitucional acerca da conciliação ou método similar perdurou por anos, nada tendo constado da Constituição republicana de 1890 até a Constituição Ditatorial de 1967/1969. Os mecanismos consensuais de solução de conflitos continuaram ausentes, não havendo qualquer política de Estado para solução não litigiosa dos empasses, criando a cultura do litígio no País (LUCHIARI, 2012, p. 66-67).

Existiam, nesse interregno, conforme Zamboni (2016, p. 63), somente algumas leis esparsas com previsões pontuais acerca do emprego da conciliação, como a Consolidação das Leis do Trabalho (Decreto-Lei n. 5.452/1943), a Lei de Alimentos (Lei n. 5.478/1968) e a Lei do Divórcio (Lei n. 6.515/1977). Ou seja, a conciliação constava apenas de leis especializadas, com matérias específicas, não sendo, pois, tratada em leis gerais, como o Código de Processo Civil.

Segundo Mota (2014, p. 19), essa omissão constitucional representava a transformação do sistema vigente, de sorte que o Estado, inobstante não rejeitasse a autocomposicão, também não colocava a disposição dos litigantes uma estrutura apta para tanto.

Esse cenário perduraria até a superveniência do Código de Processo Civil de 1973, no qual, ainda que timidamente, a conciliação voltou a ser prevista como forma de encerramento do processo. O efetivo fortalecimento dos mecanismos consensuais, todavia, adviria apenas após 1980, quando da redemocratização do País (ZAMBONI, 2016, p. 63).

Na vigência do governo militar, de João Figueiredo, foi editada a Lei nº 7.244/84, a Lei do Juizado de Pequenas Causas, que ampliou o acesso à justiça, simplificando procedimentos, reduzindo o custo dos litígios e restabelecendo a conciliação como forma alternativa na solução dos empasses. Enalteciam-se os princípios ou critérios da oralidade, simplicidade, informalidade, economia processual e celeridade (BRASIL, 1984; LUCHIARI, 2012, p. 67).

Segundo a Lei do Juizado de Pequenas Causas, os conciliadores passaram a ser considerados auxiliares da justiça, e selecionados preferencialmente entre bacharéis em direito. Os árbitros, por sua vez, deveriam ser necessariamente advogados, indicados pela Ordem dos Advogados do Brasil (OAB) (BRASIL, 1984; MOTA, 2014, p. 20).

Incumbia aos conciliadores e também aos juízes, ao iniciarem uma audiência, esclarecer às partes as vantagens da conciliação e as eventuais desvantagens, especialmente os riscos e possíveis consequências advindas do litígio; além de advertir, em razão da fixação da competência com base no valor máximo da causa, que conforme disposto na lei, havia a renúncia tácita quanto aos créditos que eventualmente ultrapassassem o valor da alçada (artigo 22 e 30, § 2º) (BRASIL, 1984).

Similarmente ao rito do Juizado Especial hodierno, fulcrado na Lei n. 9.099/95, que, inclusive, viria a revogar e suceder a Lei nº 7.244/84, em caso de eventual ausência do demandado, a sentença poderia ser de plano exarada. E, por outro lado, caso as partes transigissem em audiência, o acordo seria reduzido a termo e homologado pelo magistrado, que revestiria a transação em caráter de título executivo judicial (artigo 23, parágrafo único) (BRASIL, 1984).

Inobstante o exposto, apesar da maior valorização à conciliação advinda da Lei dos Juizados Especiais de 1984, de acordo com Luchiari (2012, p. 66-67), pouco mudou na estrutura geral de efetivo funcionamento do sistema jurídico-processual e, especialmente na mentalidade dos operadores do Direito e dos litigantes, que já se encontravam adaptados à cultura do litígio. A maior dificuldade encontrada, na visão de Zamboni (2016, p. 63), consistia na capacitação dos profissionais participantes do procedimento conciliatório, os quais, quando treinados, não alcançavam a pacificação das partes conflitantes, o que era perceptível mediante a retornada do litígio sob a forma de execução do acordo ou mesmo de recurso (LUCHIARI, 2012, p. 100).

Sob a égide da Lei n° 9.099/95, por sua vez, a primeira audiência é realizada, obrigatoriamente, com o fim de se tentar obter a conciliação das partes, como meio de solução da demanda através de eventual acordo. Essa audiência, consabidamente, poderá ser presidida pelo juiz togado, pela figura do juiz leigo ou, ainda, por um conciliador (que pode inclusive ser um estagiário) sob a orientação do primeiro, que sequer precisa estar presente na solenidade. É o que se extrai do art. 22 da Lei n° 9.099/95 e do Enunciado Civil n° 5, do Fórum Nacional de Juízes Estaduais (Fonaje) (BRASIL, 2019).

Nesse norte, parte da doutrina jurídica especializada, bem como os três poderes públicos (Executivo, Legislativo e Judiciário), com escopo de aprimorar e dar maior efetividade aos mecanismos consensuais de solução de conflitos, e contribuir para a transformação da mentalidade dos envolvidos no trato dos conflitos, buscaram novas formas de regulamentação (ZAMBONI, 2016, p. 65).

Em 1998, a Deputada Federal Zulaiê Cobra Ribeiro dá entrada ao Projeto de Lei n. 4.827/1998, bem simples e enxuto (com apenas sete artigos), visando regular o que denominou mediação facultativa, que seria subdivida em mediação judicial e extrajudicial, e que deveria ser realizada por mediador, com formação técnica e experiência prática adequadas.

Esse projeto sofreu alterações e depois foi fundido ao projeto de lei apresentado pelo Instituto Brasileiro de Direito Processual, o

Projeto de Lei Consensuado n. 94/2002, do Senado Federal, que juntos ampliaram a regulamentação da matéria, criando, de acordo com Zamboni (2016, p. 65), a nomenclatura de *mediação paraprocessual*, que poderia ser empregada pelas partes tanto antes do processo (de forma facultativa) quanto durante a tramitação da lide (de forma obrigatória).

O projeto, todavia, acabou estagnado na Câmara dos Deputados, especialmente após a apresentação de críticas pelo Conselho Nacional de Justiça, que o fez através da Nota Técnica n. 2, 160, de 24 de maio de 2007, que, dentre outros, atacou a obrigatoriedade da mediação, entendendo-a como violação ao princípio da inafastabilidade da jurisdição, consagrado pelo art. 5º, inciso XXXV, da Constituição Federal de 1988, assim como a previsão existente no projeto de que a fiscalização dos mediadores judiciais ocorreria pela Ordem dos Advogados do Brasil (ZAMBONI, 2016, p. 65).

Mesmo carentes de um marco legal, diversos projetos foram desenvolvidos por vários tribunais, que experimentaram na prática o emprego de meios de tratamento adequado dos conflitos, ainda que sem uma política pública específica para a sua estruturação, como o fizeram o Tribunal de Justiça de São Paulo, através dos Provimentos do Conselho Superior da Magistratura n. 796/2003, n. 864/2004, n. 893/2004, 953/2005 e 843/2004 (LUCHIARI, 2012, p. 69), o Tribunal de Justiça do Distrito Federal e Territórios (AZEVEDO, 2004) e o Tribunal de Justiça de Minas Gerais (RODRIGUES JUNIOR, 2006).

Foi somente depois, quando ainda inexistente qualquer legislação própria acerca do tema, que era carente de incentivos, que, conforme Zamboni (2016, p. 66), o Conselho Nacional de Justiça (CNJ) deu atenção à matéria, regulamentando-a por meio da Resolução n. 125, de 29 de novembro de 2010, com espeque específico de estruturar e dar o uso racional, eficiente e prático aos mecanismos consensuais de tratamento adequado de conflitos.

A resolução se firmou nas considerações de que o efetivo acesso à Justiça transcende o mero acesso formal aos órgãos judiciários, implicando "acesso à ordem jurídica justa, de forma que é função do Judiciário implementar política pública para 'tratamento adequado dos problemas jurídicos e dos conflitos de interesses'." (ZAMBONI, 2016, p. 65).

Partindo dessa premissa, o CNJ reconheceu que incumbia ao Poder Judiciário estruturar não apenas os serviços jurisdicionais, mas também outras formas de solução de conflitos, especialmente as consensuais.

A construção dessa política pública, erigida sobre a eficiência e eficácia dos mecanismos consensuais para a pacificação social, solução e prevenção de litígios (novos ou derivados), ancorava-se também nas experiências anteriores dos tribunais, que foram consideras bem-sucedidas e deram azo ao incentivo institucional desses mecanismos, que passaram a ser apoiados e difundidos.

Por fim, foram feitas considerações sobre a necessidade de organização e uniformização da estruturação dos mecanismos consensuais de solução de conflitos, para que pudessem ser bem utilizados esses mecanismos, assim como para a criação de Juízos especializados em mediação e conciliação.

Assim, os métodos adequados de tratamento de conflitos emergiam como alternativa inclusive ao crescente número de demandas postas à apreciação do Poder Judiciário, adquirindo, nas palavras de Watanabe (2011, p. 11), dupla relevância, ou seja, "[...] de serem ao mesmo tempo as mais eficientes e pacificadoras formas de solução de conflitos e instrumentos indispensáveis à gestão das demandas, sempre crescentes [...]"

Sobre essa dupla função, discorreu Watanabe (2001, p. 6):

> A instituição de semelhante política pública pelo CNJ, além de criar um importante filtro da litigiosidade, estimulará em nível nacional o nascimento de uma nova cultura, não somente entre os profissionais do direito, como também entre os próprios jurisdicionados, de solução negociada e amigável dos conflitos. Essa cultura terá inúmeros reflexos imediatos em termos de maior coesão social, e determinará, com toda a certeza, mudanças importantes na organização da sociedade, influindo decisivamente na mudança do conteúdo e orientação do ensino universitário na área de Direito, que passará a formar profissionais com visão mais ampla e social, com plena consciência de que lhes cabe atuar muito mais na orientação, pacificação, prevenção e composição amigável do que na solução contenciosa dos conflitos de interesses.

Essa política pública de incentivo aos mecanismos adequados de solução de conflitos, retomada pelo CNJ, ganhou maior robustez com a promulgação, em 2015, do Código de Processo Civil (CPC) (Lei n. 13.105/2015) e, também no mesmo ano, da Lei de Mediação

(Lei n. 13.140/2015), os quais enfatizaram a importância e a necessidade da adequação dos mecanismos de solução de conflitos diante do crescente número de demandas que ascendem ao Poder Judiciário.

A Lei da Mediação surgiu, portanto, como marco regulatório específico da matéria, tanto no âmbito processual quanto no extraprocessual (TARTUCE, 2015, p. 257-259).

Já ao dispor sobre o tema no CPC, pretendeu o legislador, conforme se colhe da exposição de motivos (BRASIL, 2015a, p. 31, grifo do autor):

> [...] converter o processo em instrumento incluído no **contexto social** em que produzirá efeito o seu resultado. Deu-se ênfase à possibilidade de as partes porem fim ao conflito pela via da mediação ou da conciliação. Entendeu-se que a *satisfação efetiva* das partes pode dar-se de modo mais intenso se a solução é por elas criada e não imposta pelo juiz. Como regra, deve realizar-se audiência em que, ainda antes de ser apresentada contestação, se tentará fazer com que autor e réu cheguem a acordo. Dessa audiência poderão participar conciliador e mediador, e o réu deve comparecer, sob pena de se qualificar sua ausência injustificada como ato atentatório à dignidade da justiça. Não se chegando a acordo, terá início o prazo para a contestação. Por outro lado, e ainda levando em conta a qualidade da satisfação das partes com a solução dada ao litígio, previu-se a possibilidade da presença do *amicus curiae*, cuja manifestação com certeza tem aptidão de proporcionar ao juiz condições de proferir decisão mais próxima às reais necessidades das partes e mais rente à realidade do país.

E de nota constante da exposição de motivos supratranscrita confessou o legislador a origem de sua inspiração ao citar que:

> A criação de condições para realização da transação é uma das tendências observadas no movimento de reforma que inspirou o processo civil alemão. Com efeito, explica BARBOSA MOREIRA que "já anteriormente, por força de uma lei de 1999, os órgãos legislativos dos 'Lander' tinham sido autorizados, sob determinadas circunstâncias, a exigirem, como requisito de admissibilidade da ação, que se realizasse prévia tentativa de conciliação extrajudicial. Doravante, nos termos do art. 278, deve o tribunal, em princípio, levar a efeito a tentativa, ordenando o comparecimento pessoal de ambas as partes. O órgão judicial discutirá com elas a situação, poderá formular-lhes perguntas e fazer-lhes observações. Os litigantes serão ouvidos pessoalmente e terá cada qual a oportunidade de expor sua versão do litígio..." (Breves notícias sobre a reforma do processo civil alemão, p. 106). (BRASIL, 2015a, p. 31).

Já no Capítulo I (Das normas fundamentais do processo civil) do Título Único, do Livro I, da Parte Geral, o Novo Código de Processo Civil, aos §§ 2º e 3º do artigo 3º dispôs acerca da obrigação do Estado de promover, "sempre que possível, a solução consensual dos conflitos", por intermédio da conciliação, da mediação e de outros métodos que, nos termos da lei, "deverão ser estimulados por juízes, advogados, defensores públicos e membros do Ministério Público, inclusive no curso do processo judicial." (BRASIL, 2015b).

Ocorreu, assim, a consolidação da política pública de tratamento adequado de conflitos, que preconiza a promoção e o incentivo do emprego de mecanismos consensuais de solução de disputas e almeja uma mudança na mentalidade de todos os operadores jurídicos (ZAMBONI, 2016, p. 65).

Dessa feita, nos dias de hoje dispomos "de um minissistema brasileiro de métodos consensuais de solução judicial de conflitos, formado pela Resolução nº 125 do CNJ, pelo CPC e pela Lei de Mediação, naquilo que não conflitarem" (GRINOVER, 2015, p. 2), que tem como escopo a "efetiva transformação da 'cultura da sentença' para a 'cultura da pacificação'." (ZAMBONI, 2016, p. 72).

Assim, atualmente se pode distinguir e classificar em três categorias distintas os métodos de tratamento de conflitos, a saber: a) a *autotutela*, fulcrada na primazia do mais forte ou poderoso frente ao mais fraco ou vulnerável, consistindo em solução imposta por um dos envolvidos; b) a *autocomposição*, que consiste em solução consensual e pacífica entre as partes, para a qual poderá haver auxílio de terceiros, como ocorre na mediação e na conciliação; e c) a *heterocomposição*, consistente, como exposto, em método no qual a solução é imposta por um terceiro, em tese e preferencialmente imparcial, seja por meio da prevalência do poder estatal – exercício do poder jurisdicional – seja por meio privado, em que o terceiro funciona como árbitro (na arbitragem) (MOTA, 2014, p. 18).

A autotutela é, consabidamente, forma de solução vedada em lei. A obtenção da prestação jurisdicional através da sentença, por sua vez, é resposta à qual a arbitragem, a conciliação e a mediação surgem como alternativas, sendo consideradas mais céleres e equânimes.

Os métodos adequados de tratamento de conflitos emergem, portanto, nas palavras de Watanabe (2011, p. 9) como meio de:

> [...] *transformação revolucionária*, em termos de natureza, qualidade e quantidade dos serviços judiciários, com o estabelecimento de filtro importante da litigiosidade, com o atendimento mais facilitados dos jurisdicionados em seus problemas jurídicos e conflitos de interesses e com o maior índice de pacificação das partes em conflito, e não apenas solução dos conflitos, isso tudo se traduzindo em redução da carga de serviços do nosso Judiciário, que é sabidamente excessiva, e em maior celeridade das prestações jurisdicionais. A consequência será a recuperação do prestígio e respeito do nosso Judiciário.

Mas para que isso seja possível "a própria sociedade precisa mudar sua cultura judiciarista, deixando de ver o Judiciário, pelo mecanismo adjudicatório da jurisdição, como a única forma de solução de conflitos." (ZAMBONI, 2016, p. 71).

2.1 ARBITRAGEM

A arbitragem, dentre os métodos adequados de tratamento de conflitos, é a que mais se aproxima da prestação jurisdicional, posto que é também modalidade de heterocomposição. Pode ser conceituada como instituto por meio do qual as pessoas (naturais e/ou jurídicas) submetem, mediante declaração ou ajuste de vontades (que pode ser inclusive prévia à controvérsia), questões litigiosas atuais ou futuras que surjam em uma matéria de livre disposição (direitos disponíveis) à apreciação de um ou mais árbitros, vinculando-se a sua superveniente decisão (FRADE, 2003, p. 110).

Ou seja, ainda é sistema no qual as partes obtêm solução ou resposta para o conflito por meio da decisão de terceiro pessoal, nesse caso um ou mais árbitros, a qual também possui caráter obrigatório, vinculante *inter partes* e que exclui a possibilidade de reapreciação do conflito pelos tribunais (CABRAL, 2013, p. 54).

Na definição de Merçon-Vargas (2012, p. 49), a "arbitragem constitui técnica extrajudicial de resolução de conflitos em que uma ou mais pessoas recebem, por meio de convenção, poderes para decidir litígios, presentes ou futuros, de forma imperativa."

A submissão da contenda das partes à arbitragem é realizada mediante uma declaração de vontade, denominada convênio ou compromisso arbitral, que poderá ser formalizado pelas partes antes ou depois do surgimento do conflito a ser resolvido. Assim, basta que as partes, no exercício de seu livre arbítrio e observando as características do profissional ao qual desejam que seu caso seja submetido, expressem sua vontade, formando um pacto arbitral.

Embora ainda possua, em linhas gerais, similares elementos procedimentais com a solução de conflito jurisdicional, posto, assim como esta, tratar-se de mecanismo adjudicatório e de heterocomposição, a arbitragem distingue-se da jurisdicionalização por ser o árbitro (os árbitros), ou seja, a pessoa que irá impor a sua decisão, também um particular (ou conjunto de particulares) que, diferente do que ocorre no Judiciário, será escolhido pelos próprios litigantes, distanciando-se, assim, da figura do agente estatal previamente definido pelas normas legais, sem que isso ofenda o princípio do juiz natural.

Distingue-se, também, dos demais meios extrajudiciais de tratamento de conflitos, ante a forma e o grau de participação do terceiro no deslinde do conflito, haja vista que extrapolando uma simples condução das partes à solução consensual do litígio, o árbitro, ou órgão arbitral, é dotado de poderes para decidir o conflito de forma definitiva e imutável (MERÇON-VARGAS, 2012, p. 49).

A convenção arbitral, fruto da consagração do princípio da autonomia da vontade e verdadeiro negócio jurídico processual (MAZZEI; CHAGAS, 2014), permite às partes a eleição da lei aplicável, o procedimento a ser seguido ou, em outras palavras, arquitetar todo o percurso para a elucidação do impasse ou contenda (ALVIM, 2002, p. 121).

Em razão disso, a arbitragem possui determinadas vantagens em relação ao processo judicial, como bem exemplifica Zamboni (2016, p. 78), dentre as quais as de "permitir confidencialidade aos litigantes, maior especialização do terceiro decisor sobre a matéria do litígio, e mais flexibilidade e controle procedimental pelas partes."

Nesse contexto, o árbitro, ou seja, o terceiro imparcial, que será responsável por conduzir e decidir a arbitragem, poderá ser qualquer pessoa física capaz, necessariamente detentora de confiança das partes, não havendo, todavia, nenhuma exigência quanto à formação profissional, tampouco que seja necessariamente jurídica, especialmente porque muitas vezes o que se busca por meio da arbitragem é justamente a superveniência de decisão conforme a prática, ou com base em conhecimentos específicos de determinado ramo ou segmento diverso do legal.

Os árbitros não necessitam, portanto, de conhecimento jurídico, bastando que sejam, no entendimento das partes, pessoas capazes – em face de seu nível conhecimento em determinada área – de dar uma resposta justa e precisa à situação posta, motivo pelo qual essa função poderá ser desempenhada por empresários, contadores, psicólogos, engenheiros, arquitetos, biólogos, químicos, físicos, entre outros que tenham conhecimento notável acerca da área, tema ou objeto do litígio e que sejam de confiança das partes.

Aos árbitros, contudo, aplicam-se as mesmas regras de impedimentos e suspeições aplicáveis aos magistrados, sob pena de responsabilidade, nos termos da legislação processual civil. Ainda, sujeitam-se aos princípios da imparcialidade, competência, independência e diligência, entre outros princípios previstos no ordenamento jurídico brasileiro (FLOR, 2017, p. 31).

As partes podem, ainda, no exercício de suas liberalidades, optar por árbitro único, ou por tribunal arbitral, consistente em uma colegialidade de árbitros. Ou seja, a arbitragem poderá ser *ad hoc*, isto é, processada por árbitro livremente eleito pelas partes, ou poderá ser institucional, quando as partes elegem previamente uma câmara arbitral, em que a arbitragem virá a ser processada.

Tais liberalidades vieram consagradas pela Lei nº 9.307, de 23 de setembro de 1996, que regulamentou a arbitragem no ordenamento jurídico brasileiro.

Encontra a arbitragem também previsão expressa no art. 3º, § 1º do CPC, que de forma clara dispôs que "é permitida a arbitragem, na forma da lei." (BRASIL, 2015b).

A legislação especial, susomencionada, preconiza que o árbitro é juiz de fato e de direito (artigo 18) e, no exercício de suas funções ou em razão delas, fica equiparado aos funcionários públicos, para fins penais (artigo 17). A lei também assevera que as sentenças que proferirem não ficam sujeitas a recurso ou a homologação pelo Poder Judiciário (art. 18), podendo, todavia, em caso de inobservância, serem junto ao Judiciário executadas por qualquer interessado, haja vista constituírem título executivo (art. 31) (BRASIL, 1996). O CPC, no mesmo norte, em seu art. 515, inciso VII, incluiu a sentença arbitral entre o rol dos títulos executivos judiciais, equiparando-a, portanto, à sentença judiciária (BRASIL, 2015b).

A Lei nº 9.307/96, em seu art. 1º, caput, estabeleceu duas condições limitantes, necessariamente preexistentes para a realização da arbitragem. A primeira, de natureza subjetiva, consiste na exigência de partes capazes, de sorte que se veda à arbitragem a apreciação de interesses envolvendo incapaz. A segunda, de natureza objetiva, exige que o objeto litigioso compreenda apenas direitos disponíveis, não sendo, portanto, admitido transacionar direitos indisponíveis, como, por exemplo, bens com restrições legais ou que as partes não tenham a titularidade total do bem, ou de qualquer outra forma indisponíveis (como as questões de estado, de direito pessoal de família, por força do que dispõe o artigo 852 do Código Civil) (BRASIL, 1996; FLOR, 2017, p. 31).

Tais limitações compreendem a arbitrabilidade objetiva e subjetiva, ou seja, consistem nas matérias e sujeitos que podem acessar a via arbitral. Segundo Muniz (2015, p. 41), "trata-se de corolário da natureza contratual da convenção de arbitragem, que está sujeita às mesmas regras de capacidade do que outros tipos contratuais."

Quanto à arbitrabilidade subjetiva, merece também destaque a alteração realizada na Lei de Arbitragem no ano 2015, pela Lei Federal nº 13.129, que, entre outras inserções promovidas, autorizou expressamente que a Administração Pública figure como parte no método, o que, segundo a doutrina, veio consolidar e convalidar práticas já verificadas no contexto arbitral (MUNIZ, 2015, p. 32), posto que, segundo Lemes ([entre 2015 e 2017]), o Estado, até 2015, participou, em algum dos polos, de pelo menos 20 procedimentos arbitrais, entre aqueles que foram conduzidos pelas maiores câmaras arbitrais brasileiras do período.

A arbitragem pode ser convencionada pelas partes por cláusula compromissória ou de compromisso arbitral, espécies do gênero convenção arbitral, como se extrai do teor do artigo 3º da Lei de Arbitragem.

Consiste a cláusula compromissória em estipulação prevista, escrita, constante de contrato ou documento similar, por meio da qual as partes depõem que eventuais litígios decorrentes de uma dada relação jurídica serão resolvidos por arbitragem.

Imprescinde à instauração da arbitragem que as partes tenham também expressamente convencionado "a forma de nomeação dos árbitros (cláusula arbitral cheia) ou tenham se reportado ao regulamento de Câmara que contemple normas a esse respeito" (cláusula arbitral vazia) (MERÇON-VARGAS, 2012, p. 50). Do contrário, em havendo questão controversa a ser dirimida, será necessária a notificação da parte contrária para que se convencione a forma de instituição da arbitragem (artigo 6º da Lei de Arbitragem); restando infrutífera essa tentativa, caberá à parte interessada na instauração da arbitragem promover a demanda prevista no artigo 7º da Lei de Arbitragem, da qual advirá sentença equivalente a compromisso arbitral, de posse da qual se poderá, então, iniciar o procedimento da arbitragem.

O compromisso arbitral, por seu turno, consiste em contrato por meio do qual as partes delegam a um árbitro ou tribunal arbitral poderes de decisão sobre seus litígios. O compromisso deve necessariamente atentar para os requisitos previstos no artigo 10 da Lei de Arbitragem, sob pena de nulidade, e, facultativamente, contemplar os elementos do artigo 11 do mesmo diploma.

A distinção principal entre cláusula compromissória e compromisso arbitral é de natureza temporal. A cláusula precede ao surgimento do conflito, ao passo que o compromisso é celebrado para que determinado litígio específico já existente seja resolvido por um juízo arbitral.

A arbitragem, segundo Alves, Gabbay e Lemes (2008, p. 7), já se incorporou definitivamente à cultura jurídica brasileira, em especial à prática empresarial, especialmente em porque nela prevalece a autonomia da vontade das partes, já que os próprios envolvidos definem os procedimentos que disciplinarão o processo, estipulam o prazo final, não superior a seis meses, suscetível de prorrogação pelas próprias partes, elegem o árbitro e, de comum acordo, podem estipular as regras nas quais se pautarão.

Ademais, a arbitragem possui como vantagem seu caráter sigiloso, em oposição à publicidade, que é regra aplicável ao processo judicial. Trata-se, ainda, de procedimento mais econômico por resumir-se, em regra, ao adimplemento apenas dos honorários do árbitro, ao passo que no processo judicial, além dos honorários advocatícios, há as custas judiciais que compreendem o adimplemento dos custos com os atos processuais, as diligências de oficiais de justiça, atos de distribuidores e cartorários, etc.

Outra grande vantagem do procedimento arbitral é a maior certeza quanto à eficácia do julgamento, posto que será realizado por pessoas com conhecimento específico sobre o assunto em discussão.

As partes podem, inclusive, eleger as bases ou espécies de fontes do direito que pretendem que sejam utilizadas pelo árbitro, na formação de seu convencimento e na fundamentação da sentença. É o que se extrai da redação do art. 2º da Lei de Arbitragem, na qual se distinguem duas espécies de arbitragem, a de direito e a de equidade, que serão aplicadas (uma ou outra) de acordo com a vontade das partes. Se eleita a arbitragem de direito, incumbirá ao árbitro decidir consoante dispõem as normas jurídicas, desde que "não violem os bons costumes e a ordem pública" (§1º do art. 2º), ao passo que, se eleita a arbitragem por equidade, ao árbitro caberá formar o seu livre convencimento e solucionar o conflito "com base nos princípios gerais de direito, nos usos e costumes e nas regras internacionais de comércio" (§2º do art. 2º); ressalvados os casos em que arbitragem envolva a administração pública, quando, necessariamente, "será sempre de direito e respeitará o princípio da publicidade" (§3º do art. 2º) (BRASIL, 1996).

Outra grande vantagem inerente à arbitragem, quando de seu cotejo com o processo judicial, é a prescindibilidade de peritos, pois os árbitros convocados, em regra, já dispõem do conhecimento técnico necessário sobre o objeto do litígio.

A arbitragem, mesmo com tantos benefícios, possui também opositores na doutrina e na jurisprudência, que chegaram a suscitar suposta violação de algumas normas constitucionais, a exemplo: a garantia do acesso à justiça, previsto no art. 5º, XXXV; o princípio do juiz natural, constante do art. 5º, LIII; o princípio da ampla defesa e do duplo grau de jurisdição, previstos no art. 5º, LV; todos da Constituição Federal de 1988.

A constitucionalidade da Lei de Arbitragem foi suscitada inclusive no pleno do Supremo Tribunal Federal (STF), tendo sido objeto de apreciação no Agravo Regimental em Sentença Estrangeira nº 5.206-7, proveniente da Espanha, em que foram partes duas sociedades comerciais que pleiteavam a homologação da sentença arbitral estrangeira, que versava sobre direitos disponíveis, almejando-se que viesse a produzir efeitos no Brasil.

A decisão do Supremo, prolatada no dia 12 de dezembro de 2001, sob a Relatoria do então Ministro Sepúlveda Pertence, e com o parecer do Procurador-Geral da República Geraldo Brindeiro, firmou o entendimento de que "a manifestação de vontade da parte na cláusula compromissória, quando da celebração do contrato e a permissão dada ao juiz para que substitua a vontade das partes não ofendem os princípios constitucionais." (BRASIL, 2001).

Assim, por maioria dos votos foi declarada a constitucionalidade da Lei de Arbitragem, reconhecendo-se expressamente a ausência de ofensa à Constituição Cidadã.

Entre as razões de decidir do Supremo foi ressaltado o fato de que a arbitragem não é obrigatória, mas consiste de método facultativo; de sorte que as partes não estão obrigadas a se submeterem a esse método de tratamento de conflitos que, outrossim, não está imune à possibilidade de apreciação pelo Poder Judiciário, haja vista vez que a própria lei, em seu art. 33, prevê que "a parte interessada poderá pleitear ao órgão do Poder Judiciário competente a declaração de nulidade da sentença arbitral." (BRASIL, 1996).

Neste passo, resta somente avaliar se a arbitragem ainda possui outros campos férteis de crescimento no Brasil ou se, de outro norte, trata-se de técnica de resolução de conflitos efetivamente mais adequada aos litígios decorrentes e inerentes ao exercício de atividades empresariais.

2.2 CONCILIAÇÃO

A conciliação consiste em técnica de resolução de controvérsias que compreende a atividade desempenhada por um terceiro que se presta a auxiliar as partes em litígio a chegarem a uma solução autocompositiva. O vocábulo *conciliação*, inclusive, embora seja usualmente utilizado no jargão processual como sinônimo de acordo ou autocomposição, designa, na verdade, "a atividade do terceiro que se interpõe entre as partes para auxiliá-las na resolução do conflito e não o resultado consensual obtido por intermédio de sua atuação." (MERÇON-VARGAS, 2012, p. 47).

Pode ser ela judicial, quanto realizada no bojo de demanda já ajuizada, ou pré-processual, quando desenvolvida antes da propositura de processo, está, portanto, atrelada ao processo judicial (DEMARCHI, 2008, p. 55).

Consiste em técnica distinta e menos complexa que a mediação, posto que é focada diretamente no conflito, e não, como na mediação, à restauração do diálogo e à pacificação das partes em disputa. Justamente por isso, a conciliação costuma ser mais breve (comumente se realiza em apenas uma audiência ou reunião), e o conciliador tende a assumir papel mais ativo na proposição de soluções para o conflito e quando necessário sugere às partes alternativas por ele próprio vislumbradas para a solução do litígio apreciado (CHIMENTI, 2015, p. 91)

O conciliador tem como missão primordial incentivar as partes à resolução consensual da lide, sendo-lhe permitido, inclusive, manifestar a sua opinião sobre a solução que considera mais justa para o conflito, podendo, também, propor os termos de acordo, ainda que não tenham sido previamente cogitados pelas partes. O conciliador tem, portanto, liberalidades mais amplas e poderes mais ativos do que aqueles atribuídos ao mediador (CALMON, 2007, p. 144).

Conforme Sales (2007, p. 42), "a conciliação em muito se assemelha à mediação. A diferença fundamental está na forma de condução do diálogo entre as partes."

Segundo os ensinamentos de Garcez (2004, p. 54):

> No Brasil a expressão conciliação tem sido vinculada principalmente ao procedimento judicial, sendo exercida por juízes, togados ou leigos, ou por conciliadores bacharéis em direito, e representa, em realidade, um degrau a mais em relação à mediação, isto significando que o conciliador não se limita apenas auxiliar as partes a chegarem, por elas próprias, a um acordo, mas também pode aconselhar e tentar induzir as mesmas a que cheguem a este resultado, fazendo-as divisar seus direitos, para que possam decidir mais rapidamente.

Complementando, Tourinho Neto e Figueira Junior (2009, p. 54) citam que:

> A mediação [...] não se identifica totalmente com a conciliação. Naquela, o mediador tenta aproximar os litigantes promovendo o diálogo entre eles a fim de que as próprias partes encontrem a solução e ponham termo ao litígio. [...] Diversamente, na conciliação, o terceiro imparcial, chamado a mediar o conflito – o conciliador – não só aproxima as partes como ainda realiza atividades de controle das negociações, aparando as arestas porventura existentes, formulando propostas, apontando as vantagens ou desvantagens, buscando sempre facilitar e alcançar a autocomposição.

A conciliação trata-se, portanto, de um método autocompositivo no qual as partes serão auxiliadas por um terceiro, também imparcial, estranho à relação processual, denominado de conciliador, que conduzirá a sessão por meio de técnicas adequadas, com o objetivo de que as partes cheguem a um acordo. Segundo Silva (2013, p. 134-135), "é apresentada como meio de resolução de conflitos pela autocomposição indireta ou triangular, posto existir um terceiro que interfere na composição, com a finalidade de pôr fim ao conflito."

A conciliação é atividade de relevância latente e espectro crescente, inclusive no curso do procedimento. O instituto da conciliação encontra-se expressamente previsto no art. 3º, § 3º do Código de Processo Civil. Todavia, diferentemente da arbitragem e da mediação, inexiste legislação especial que a regule (MERÇON-VARGAS, 2012, p. 48).

Embora a conciliação tenha ganhado maior relevância com o Código de Processo Civil de 2015, ela sempre esteve presente na estrutura jurídica do Brasil. De acordo com o professor Watanabe (2011, p. 7), o instituto remonta à época em que o País ainda era colônia de Portugal e se encontrava sob a vigência das Ordenações Filipinas, onde, mais especificamente no Livro 3º, T. 20, § 1º, havia previsão de que as partes deveriam concordar, antes de fazer despesas e seguir com raiva e divergências.

Em seguida, com o Decreto de 20 de setembro de 1829, o legislador imperial instituiu que os termos da conciliação adquiriam força e sentença. Assim, a conciliação ficou conhecida como o "termo de bem viver" no Brasil-Colônia (GIANULO, 2003).

Posteriormente, a previsão da conciliação constou também do Código de Processo Civil de 1974, que consagrou a conciliação como uma fase processual, inserindo-a no limiar da audiência de instrução e julgamento.

Sobre o tema, Gianulo (2003, p. 38) leciona que:

> O processo civil pátrio perseguiu a concepção conciliadora com o advento da Lei n. 7244/84 e sua sucessora, na tratativa de composição de litígios de menor complexidade, Lei n. 9.099/95, em seu artigo 21, que se dará antes mesmo da resposta do réu (art. 31, parágrafo único), assim também com a vigência da Lei 10.259/2001, mostrando claramente aderir a movimento internacional de prestígio à Conciliação não apenas no curso do Processo, desde o início da relação jurídica processual.

No plano da política judiciária nacional, antes mesmo da edição do atual Código de Processo Civil, já havia um esforço institucional importante, especialmente por parte do Conselho Nacional de Justiça, para que a conciliação se tornasse a tônica de uma reforma estrutural do Poder Judiciário (MERÇON-VARGAS, 2012, p. 48).

O CNJ chegou a editar a Resolução nº 125/2010, que instituiu a Política Judiciária Nacional de tratamento adequado dos conflitos, com o escopo de determinar a criação de Centros Judiciários de Solução de Conflitos e Cidadania, orientar a capacitação de conciliadores e mediadores, estruturar bancos de dados com informações pertinentes acerca dos serviços de resolução consensual de litígios e instituir o Portal da Conciliação, no site do Conselho Nacional de Justiça.

Iniciou-se uma verdadeira reforma no Poder Judiciário, por meio da adoção de medidas tendentes a inserir a cultura de conciliação em sua estrutura, servindo de ideal ancoradouro à Legislação Processual Civil superveniente.

O Código de Processo Cível de 2015, por sua vez, destacou-se por preconizar a necessidade da utilização e do desenvolvimento dos métodos adequados de solução de litígios, no afã de oportunizar um tratamento de qualidade e que trouxesse a satisfação aos sujeitos do processo, por meio de um almejado ambiente de cooperação. E para isso dedicou um capítulo inteiro a tratar da audiência conciliatória e mais uma seção inteira às disposições atinentes aos conciliadores e mediadores; além de dispor sobre diversas regras e princípios que orientam os institutos da conciliação e mediação, deixando claro o valor dado pelo legislador e pela norma aos métodos não adversativos de solução de conflitos.

Ademais, a legislação processual, ao art. 139, inciso V, atribui expressamente ao magistrado, figura com principal responsabilidade pela condução do processo, o dever de "promover a qualquer tempo a autocomposição, de preferência com os conciliadores e mediadores judiciais", seus auxiliares (BRASIL, 2015b).

O Código de Processo Civil, como já exposto, inicia a abordagem da conciliação em seu artigo 3º, tendo o caput do dispositivo replicado em um princípio insculpido no inciso XXXV, do artigo 5º, da Constituição Federal, para, na sequência, em seus parágrafos 2º e 3º, estabelecer determinação legal muito mais ampla do que aquela contida no Código de Processo Civil de 1973 (NERY JUNIOR; NERY, 2015, p. 192).

O novo dispositivo estendeu o dever de estímulo à solução consensual ao Estado e a todo e qualquer operador do direito envolvido no respectivo processo, ou seja, a redação dessa nova norma alcançou o condão de dividir solidariamente tal encargo entre todos os atores do processo, inclusive (mas não somente) aos magistrados.

Os parágrafos 2º e 3º "consubstanciam o cerne da mudança de paradigma do processo civil brasileiro" (VASCONCELOS, 2015, p. 87), evidenciando a adoção de uma nova ótica a respeito do acesso à justiça (RANZOLIN, 2015, p. 166).

Conforme esclarece Reichelt (2015, p. 126), "a novel sistemática, pois, representa um avanço na medida em que multiplica as frentes através das quais as partes poderiam alcançar solução consensual para os conflitos nos quais se inserem."

Refere-se à inovação substancial do novo Código, constante do artigo 334, que previu a realização da Audiência de Conciliação ou Mediação antes mesmo da apresentação da defesa pelo demandado (*initio litis*), à qual se soma a constante do artigo 319, que exige do autor manifestação de interesse quanto à realização ou não da audiência de conciliação ou mediação, estabelecendo tal opção como requisito da petição inicial.

Assim, se a peça vestibular preenche os requisitos essenciais e não se está diante de eventual hipótese de improcedência liminar do pedido, ao magistrado incumbe designar a audiência (de conciliação ou mediação) com antecedência mínima de 30 dias, devendo o réu ser citado e intimado para o ato com ao menos 20 dias de antecedência.

Para que a referida audiência não seja realizada, nos termos do parágrafo 4º, do artigo 334, imprescindível a manifestação expressa de desinteresse de ambas as partes ou em caso de feito em que não se admita a autocomposição.

A declaração de desinteresse, nos termos da lei, deverá ser realizada na própria petição inicial pelo autor e, no caso do demandado, por petição apresentada com 10 dias de antecedência, a partir da data fixada para a audiência.

Em caso de realização e êxito da audiência, a autocomposição obtida deve ser reduzida a termo e homologada por sentença. Em tendo advindo a abrangência de todo o objeto litigioso, o feito será extinto com resolução do mérito, nos termos do artigo 487, inciso III, do NCPC (DIDIER JÚNIOR, 2016, p. 635).

Inobstante tal dever atribuído expressamente à magistratura e aos envolvidos no processo, não se pode descurar que a via conciliatória poderá ser utilizada também na seara extraprocessual, ou seja, antes mesmo do *start* processual.

O instituto da conciliação aplica-se a conflitos de qualquer natureza, contudo, tem prevalecido o entendimento doutrinário que, enquanto técnica, é de grande utilidade para solucionar os problemas que não envolvem relacionamentos (anteriores ou supervenientes) entre as partes, pois sua finalidade é solucionar o litígio sem adentrar propriamente no conflito, sendo indicada, por exemplo, para lides envolvendo acidentes de trânsito, danos materiais e danos morais. Ou seja, é mais indicado como método para tratamento de conflitos em que as partes não possuam laços afetivos, tendo em vista que o conciliador não se aprofundará tanto na efetiva pacificação social, mas apenas dará sugestões da melhor forma para resolvê-los.

Sales (2004) afirma que essa forma de abordagem e enfoque permite que o conciliador possa trabalhar sobre a apresentação superficial do problema, com o objetivo de alcançar uma solução de compromisso sem repercussão na vida futura das partes.

Em que pese a conciliação seja vista essencialmente como um método de obtenção de autocomposição orientado pelo próprio juiz ou por terceiro, supervisionado ou assistido por ele, não há óbice que seja também operacionalizada em esfera extrajudicial.

É nesse momento que se individualizam as duas modalidades de conciliação: judicial e extrajudicial. A conciliação judicial notadamente é aquela empregada no curso do processo, após as partes em conflito terem acionado o Poder Judiciário para intervir na busca pela solução do impasse existente. Já a conciliação extrajudicial, por seu turno, é aquela desenvolvida quando as partes decidem resolver seus conflitos sem a intervenção do Estado-Juiz e fora da égide do Poder Judiciário, isto é, sem que tenha ocorrido o ajuizamento de qualquer demanda (CALMON, 2007).

Para Tavares (2002), a conciliação extrajudicial é caracterizada como uma opção para as partes em conflito. Uma vez admitida sua possibilidade, ela poderá ser realizada por um terceiro, neutro e imparcial.

A doutrina prevê como primeira característica dessas vertentes alternativas a ruptura com o formalismo processual. Ou seja, a desformalização emerge, nesse cenário, como uma tendência, para se dar pronta solução aos litígios, constituindo fator de celeridade, corroborado pela delegalização, e caracterizado por amplas margens de liberdade nas soluções não jurisdicionais, por meio de juízos de equidade e não apenas dos juízos de direito, como no processo jurisdicional (CINTRA; GRINOVER, DINAMARCO, 2008, p. 32.)

Trata-se, portanto, da conciliação de instituto que, em que pese tenha se enraizado no procedimento jurisdicional, coexiste também na extrajudicialidade.

2.3 MEDIAÇÃO

A mediação consiste em técnica de tratamento de conflitos por meio da qual um terceiro, também neutro e sem poderes para decidir imperativamente a lide, auxilia as partes que se encontram em conflito a chegarem, por si sós, a uma resolução consensual (FISCHER; URY, 2005, p. 17-86). Assim como as demais técnicas de resolução disputas, é requisito essencial da mediação o livre consentimento das partes em participarem do processo.

Trata-se de um processo autocompositivo no qual as partes são assessoradas por um terceiro imparcial, estranho à relação processual, com o objetivo de restabelecer, nos limites do possível, os eventuais laços afetivos ou relacionais que foram rompidos ou fragilizados pelas partes.

O mediador tem por escopo primordial o reestabelecimento do diálogo entre as partes, sendo-lhe desaconselhado impor decisões ou expressar sua opinião sobre o resultado do pleito, de tal sorte que os próprios mediandos possam construir em conjunto a resolução consensual da controvérsia.

Esse, inclusive, é um dos principais traços distintivos existentes entre a mediação e a conciliação. Ao passo que o conciliador tem a liberalidade de interferir de forma mais ativa e incisiva na composição da controvérsia, inclusive para sugerir os possíveis termos de composição das partes, do mediador a mesma conduta não é esperada (CALMON, 2007, p. 119-121).

Trata-se o mediador, portanto, de um profissional que se presta ao papel de facilitador da comunicação entre as partes, especialmente para fazer com que os envolvidos deixem de enfatizar apenas suas próprias posições e pretensões, permitindo serem reconduzidos à percepção dos reais interesses envolvidos na contenda (TARTUCE, 2008, p. 208).

Assim, a par da atuação do mediador, a responsabilidade pela construção do consenso recai apenas sobre as partes em disputa.

A mediação, em razão de seus objetivos e enfoque distinto da conciliação, dispõe e faz uso de técnica diversa. As diferenças mais evidentes residem justamente no papel do mediador, na forma de abordagem e tratamento do conflito e no procedimento utilizado para se alcançar a resolução do conflito (BRAGA NETO, 2008, p. 65).

Diferentemente do conciliador que, como já exposto, pode e, em regra, assume papel mais ativo na cogitação e proposição de soluções possíveis para a controvérsia, a atuação do mediador é direcionada à restruturação da própria relação dos envolvidos, buscando o restabelecimento do diálogo e almejando, com isso, alcançar a resolução do conflito.

Ademais, a mediação costuma ser um processo efetivamente mais duradouro do que a conciliação que, comumente, se realiza em apenas uma audiência ou reunião entre as partes e o conciliador. A mediação usualmente requer várias sessões sucessivas. Perceba-se que até mesmo a denominação dada ao encontro das partes é diferente.

Sobre o procedimento da medição, Braga Neto (2008, 66-68) destaca as seguintes etapas a serem percorridas: *(i)* pré-mediação, oportunidade em que se estabelece o primeiro contato entre as partes, seu procuradores, se constituídos e presentes, e o mediador; *(ii)* a investigação, em que o mediador explicará e esclarecerá o procedimento a ser adotado e tomará ciência da complexidade da interrelação estabelecida entre os envolvidos; *(iii)* a condução dos envolvidos à construção de possíveis opções resolutivas, cabendo ao mediador conduzir as partes à cogitação e proposição de eventuais alternativas para a resolução da controvérsia; *(iv)* a avaliação das proposições realizadas pelas partes, quando podem ser projetados os possíveis efeitos das aventadas opções de resolução; *(v)* a eleição das opções pelas partes, dentre aquelas por elas sugeridas, incumbindo ao mediador, esteado na percepção construída acerca das necessidades e anseio dos envolvidos, tão somente os auxiliar na eleição daquela que concluirão ser a opção que melhor lhes atenda; *(vi)* a preparação para a formalização do acordo, quando será construído e redigido o termo final que represente efetivamente o consenso construído ativamente pelas partes; e *(vii)* a assinatura do termo final de acordo e o encerramento da sessão, com o enaltecimento da conquista alcançada mediante a pacificação da situação, como fruto da colaboração e participação ativa das próprias partes.

Entre os principais objetivos da mediação, Tartuce (2008, p. 222-230) destaca o restabelecimento da comunicação entre os envolvidos, a preservação ou restabelecimento de condições mínimas de relacionamento entre as partes, a prevenção de futuros conflitos e de desdobramentos do submetido à técnica, a inclusão social, por meio de participação ativa e efetiva dos particulares na administração da justiça, e a pacificação social, estruturada na dissolução do litígio mediado pela construção de consenso.

A atuação do mediador é, portanto, notavelmente diversa da função do conciliador, pois ao mediador convém, para a persecução do fim almejado pelo instituto da mediação, além de oportunizar a discussão das questões que foram trazidas nos autos (lide material), vislumbrar, identificar e tratar dos conflitos subjacentes (lide sociológica) que, em que pese talvez não tenham sido elencados no processo, consistem em sua real razão de ser, figurando como estopim do ajuizamento da demanda.

Embora o mediador não deva opinar e sugerir eventuais formas de solução do conflito, deve contribuir através da criação e manutenção de um ambiente favorável, para oportunizar às partes condições de percepção própria das possíveis opções para solução de seus próprios problemas; podendo inclusive, em face à identificação da lide sociológica que ancora o caso, propor a discussão de matérias ou questões que não estejam expressa e diretamente relacionadas ao litígio material tratado, com o afã de se identificar e permitir que os envolvidos percebam a real razão pela qual não conseguem ainda acordar.

O papel do mediador é, portanto, de um facilitador, que ajuda a clarificar questões, identificar e manejar adequadamente sentimentos, fomentar opções e assim possibilitar condições necessárias para a obtenção de um acordo entre e pelos envolvidos, sem a necessidade de uma longa e exaustiva batalha nos tribunais (CALMON, 2007, p. 123).

Para tanto, deverá o mediador:

> [...] favorecer o intercâmbio de informação, prover de nova informação; ajudar a cada parte a entender a visão da contraparte; mostrar a ambas que suas preocupações são compreendidas; promover um nível produtivo de expressão emocional; manejar as diferenças de percepção e interesses entre os negociadores e outros, inclusive advogado e cliente; ajudar aos negociadores a avaliar alternativas realistas para possibilitar o acordo; gerar flexibilidade; mudar o foco do passado para o futuro; estimular a criatividade das partes, ao induzi-las a sugerir propostas de acordo; aprender a identificar os interesses particulares que cada uma das partes prefere não comunicar à outra; prover soluções que satisfaçam os interesses

> fundamentais de todas as partes envolvidas [...] É papel do mediador ser facilitador, criador de canais de comunicação, tradutor e transmissor de informações, reformulador, diferenciador de posições e interesses, criador de opções e agente de realidade. (CALMON, 2007, p. 123-124).

O mediador tem, portanto, a função de propiciar a condução ordenada do dialogo, oportunizando uma comunicação direta e cortês entre as partes. Contudo, os envolvidos poderão, a qualquer momento, suspender, abandonar ou retomar as negociações, pois se trata a mediação de ato não vinculado, que não acarreta qualquer ônus ou prejuízo processual.

É justamente em decorrencia de tais contornos, seus meios e efeitos, que a mediação é especialmente aconselhada para a pacificação de contendas entre pessoas que, de alguma forma, mantiveram ou mantêm alguma espécie de relação interpessoal duradoura, como, por exemplo, em casos de conflitos entre familiares, entre sócios ou parceiros comerciais, ou mesmo entre vizinhos. Sendo, todavia, mesmo entre estes, desaconselhada para relações em que haja determinado grau de desequilíbrio entre os envolvidos (TARTUCE, 2008, p. 209; CALMON, 2007, p. 122).

Na mediação, a assistência jurídica das partes por meio de advogados não é imprescindível (TARTUCE, 2008, p. 216). Todavia, é recomendável, esperando-se do causídico, porém, postura diversa daquela comumente adotada diante do litígio. A combatividade que caracteriza sua atuação nos processos tradicionais deve dar lugar a um desempenho mais colaborativo e discreto, porém não menos importante, atuando como consultor e assessor antes mesmo do início da mediação, esclarecendo o cliente sobre a existência, o formato e o procedimento dos métodos consensuais e ajudando-o na eleição da eventual melhor abordagem para a resolução do empasse. Durante as sessões de mediação, o procurador atua também muito mais como assessor e consultor, sugerindo e avaliando as opções de resolução, junto com seu constituinte, realizando também eventuais esclarecimentos jurídicos que se tornem necessários. Enfim, durante toda a mediação, o advogado atua como partícipe de um esforço conjunto em prol da resolução consensual de um conflito (ORDEM DOS ADVOGADOS DO BRASIL, SECCIONAL DE GOIÁS, [entre 2015 e 2017], p. 18-19).

Ainda quanto ao procedimento da mediação, incumbe ao mediador, no limiar da primeira sessão designada, expor claramente às partes, e reiterar isso sempre que entender necessário, a incidência do princípio da confidencialidade, que o impede de vir a atuar como árbitro ou juiz leigo, ou mesmo como testemunha em processos judiciais ou arbitrais em que sejam discutidos conflitos inerentes aos casos em que tenha atuado como mediador, sendo, portanto, equiparado a servidor público no exercício da sua função.

Entre as características da mediação, podem-se citar: *(i)* a privacidade, posto que é desenvolvida em ambiente secreto, somente vindo a ser divulgado seu teor e conteúdo se esta for a vontade consensual das partes; *(ii)* a economia, tanto financeira quanto de tempo, pois os conflitos se resolvem, em sua maioria, em tempo inferior do que ocorreria com a tramitação normal do processo nos tribunais, o que implica uma redução de custos; *(iii)* oralidade, já que o acordo é obtido por meio do diálogo dos envolvidos; *(iv)* reaproximação das partes, haja vista que a construção do consenso ocorre por intermédio de procedimento que geralmente fomenta a restauração das relações entre os envolvidos, sendo a (re)aproximação, inclusive, um dos objetivos do mediador; *(v)* autonomia das decisões, que são construídas efetivamente pela partes, e não por terceiro, como em todos os demais métodos; e *(vi)* equilíbrio das relações entre as partes, esteado no fomento das trocas entre os envolvidos e na construção do sentimento de empatia (CALMON, 2007, p. 123).

Estrutura-se o método de tratamento de conflito, conforme Sales (2004, p. 32), com vistas aos seguintes objetivos:

> 1. A solução de conflitos por meio do diálogo, que visa o acordo satisfatório entre as partes; 2. A prevenção de conflitos, pois além de facilitar a solução destes, o processo de mediação evita uma administração desordenada do problema que poderia levar a consequências negativas (agressões física e verbal, discussões, como brigas, que nada contribuem para a solução do problema, por exemplo); 3. A inclusão social por possibilitar acesso, reflexão e conhecimento de direitos e deveres dos indivíduos, promovendo assim maior participação dos indivíduos nas questões sociais, independente da classe social. E ainda ensina que as pessoas têm o direito de escolher e decidir cientes de que sua escolha deve ser produtora de bem-estar social para as partes envolvidas; 4. A paz social, por resolver conflitos e assim prevenir a violência, incluindo os indivíduos como cidadãos participantes da política do Estado, fazendo com que seja possível alcançar uma convivência social harmônica.

A técnica da mediação encontra-se normatizada no ordenamento jurídico brasileiro através da pela Lei nº 13.140, de 26 de junho de 2015, e também do Código de Processo Civil de 2015, que deve ser aplicado subsidiariamente, ou seja, naquilo que não contrariar a legislação especial.

A mediação pode ser judicial, quando realizada após iniciado um processo jurisdicional, podendo sua realização ser designada pelo juiz ou decorrer de requerimento das partes, sendo, todavia, qualquer dos casos, presidida por um terceiro distinto do juiz que preside a causa. A mediação extrajudicial, por sua vez, é aquela que se desenvolve independentemente da existência de um processo judicial, sendo conduzida, portanto, por um terceiro não vinculado à jurisdição, que pode ser participante de entidades privadas que ofertam serviço de mediação de conflitos, ou integrante de programas públicos ou comunitários de tratamento de contendas, qualquer deles necessariamente com formação específica e cadastrados perante o Ministério da Justiça.

A mediação extrajudicial ganha especial relevância para a resolução de conflitos, posto que pode figurar como medida até mesmo preventiva à judicialização da situação.

Segundo Watanabe (2003, p. 56),

> Observa-se, na prática, que alguns conflitos, principalmente aqueles que ocorrem entre duas pessoas em contato permanente (marido e mulher, dois vizinhos, pessoas que moram no mesmo condomínio), exigem uma técnica de solução como a mediação, em virtude de se buscar nesses conflitos muito mais a pacificação dos conflitantes do que a

> solução do conflito, porque a técnica de hoje de solução pelo juiz, por meio de sentença, é uma mera técnica de solução de conflitos, e não uma técnica de pacificação dos conflitantes, ou seja, é um ponto extremamente importante para pensarmos em como instituir melhor a mediação [...]

Entre as principais vantagens da utilização dessa técnica autocompositiva, possivelmente a mais relevantes delas é que, ao contrário do que se verifica no processo judicial (ou mesmo nos demais métodos de tratamento de conflitos), na mediação as partes não precisam fixar posições ou formular pedidos específicos, mas, tão somente, revelar os problemas existentes que se pretende ver dissolvidos. Permite-se, assim, a composição da lide sociológica (da raiz, ou estopim do problema) e não apenas da lide jurídica a que se limita a solução adjudicada (CALMON, 2007, p. 126).

3 PRIMEIRAS PONDERAÇÕES SOBRE O PROVIMENTO 67/2018 DO CNJ E A VIABILIDADE DA ATUAÇÃO DAS CÂMARAS PRIVADAS DE CONCILIAÇÃO E MEDIAÇÃO NOS SERVIÇOS NOTARIAIS E DE REGISTRO DO BRASIL

Acidentes de trânsito, pequenos e médios danos materiais, divergências contratuais, discussões condominiais, disputas familiares sobre direitos disponíveis, entre outras intercorrências cotidianas, que nos mais das vezes, em que pese o aborrecimento e transtorno potencial que podem provocar às partes, não justificam (especialmente ante os custos e a morosidade inerente) um acionamento judicial, passaram a poder ser solucionados em cartórios, em qualquer lugar do Brasil.

A novidade decorre do teor do Provimento nº 67/2018, do Conselho Nacional de Justiça, que pelo aludido instrumento autorizou a prática de atos de conciliação e mediação em unidades cartorárias de todo o País. A iniciativa, por certo, visa contribuir para a diminuição do número de processos que aportam diuturnamente no Poder Judiciário.

Segundo o levantamento *Justiça em Números*, publicado no final de 2018 pelo CNJ, o Poder Judiciário finalizou o ano 2017 com 80,1 milhões de processos em tramitação, aguardando alguma solução definitiva. No decorrer do mesmo ano, ingressaram 29,1 milhões de processos e foram baixados 31 milhões (CONSELHO NACIONAL DE JUSTIÇA, 2018a, p. 73). Mesmo com um índice de baixa superior ao número de ajuizamentos, o número acumulado de processos ainda é assustador.

Os métodos adequados de tratamento de conflito, a propósito, contribuíram para que, em 2017, o número de processos baixados excedesse aos ajuizados. Entre as sentenças e decisões terminativas, 12,1% destas referiram-se a sentenças homologatórias de acordo, valor que veio crescendo nos dois últimos anos (em 2015 era de 11,1% e em 2016, de 11,9%) (CONSELHO NACIONAL DE JUSTIÇA, 2018a, p. 137).

O tempo médio decorrido entre o recebimento de uma ação e o julgamento, ou seja, até a prolação sentença é de três anos. Já em 2º grau, o processo tem levado menos de um terço para ser julgado. Ainda assim são mais 10 meses. Em suma, são quase quatro anos o tempo médio para que um processo seja julgado e reapreciado (CONSELHO NACIONAL DE JUSTIÇA, 2018a, p. 147).

O que chama a atenção no levantamento realizado é que os assuntos mais recorrentes que ascendem à justiça estadual versam sobre obrigações e contratos. Ou seja, os assuntos mais demandados dizem respeito a relações obrigacionais e contratuais (CONSELHO NACIONAL DE JUSTIÇA, 2018a, p. 181), direitos em regra disponíveis, e que, em princípio, poderiam ser por outros meios resolvidos.

Possivelmente atento a esaes dados, que replicam cenário anteriormente posto, o CNJ, no afã de também consolidar sua política pública permanente de incentivo e aperfeiçoamento dos mecanismos consensuais de solução de litígios (firmada pela

Resolução CNJ n. 125, de 29 de novembro de 2010), tendo em vista a efetividade da conciliação e da mediação como instrumentos de pacificação social, solução e prevenção de litígios e a necessidade de organização e uniformização de normas e procedimentos afetos aos serviços de conciliação, mediação e a outros métodos consensuais de solução de conflitos, editou o Provimento nº 67/2018, prevendo a possibilidade da adoção e oferta de tais métodos, de forma facultativa, pelos serviços notariais e de registro de todo o pais (CONSELHO NACIONAL DE JUSTIÇA, 2018b).

A mediação e a conciliação em Cartório, como qualquer outro procedimento, teminício, nos termos do Provimento, com a solicitação do interessado em qualquer unidade de sua preferência, por meio de requerimento físico ou eletrônico, no qual é necessário constar seus dados pessoais, endereço, indicação e dados da outra parte e uma, ainda que breve, narrativa do conflito. Aberto o procedimento, a outra parte será notificada por idôneo meio de comunicação, com a designação de data e hora para realização da sessão, que pode ser, assim como na via judicial, e em havendo condições de diálogo e disposição das partes, sucedida por tantas outras quantas se fizerem necessárias para que as partes entrem em acordo.

Podem utilizar-se dessa modalidade extrajudicial cartorária pessoas físicas ou jurídicas, que poderão, se assim desejarem (e como nas modalidades judiciais), ser assistidas por advogados para solucionar direitos disponíveis e indisponíveis, desde que admitam transação (art. 12, do Provimento nº 67/2018), sendo imprescindível, porém, que as transações que versem sobre direitos indisponíveis (mas transigíveis) sejam homologadas pelo Poder Judiciário.

O valor de cada sessão de 60 minutos equivaleria ao menor valor cobrado na lavratura de escritura pública sem valor econômico (de acordo com as tabelas estaduais). Na hipótese de eventual arquivamento do requerimento ocorrer antes da sessão de conciliação ou mediação, 75% (setenta e cinco por cento) do valor recebido necessita ser restituído ao usuário. Os cartórios poderão, ainda, segundo o Provimento, realizar sessões não remuneradas em percentual a ser definido pelo Tribunal estadual.

Para se utilizar de tal faculdade e passar a atuar como mediadores e conciliadores, os Cartórios necessitam dispor de profissionais capacitados, com cursos específicos, que devem ser custeados pelos próprios serviços de notas e registro; havendo ainda a necessidade da renovação da certificação a cada dois anos.

Ademais, para o oferecimento de tais serviços, necessitam obter autorização dos Núcleos Permanentes de Métodos Consensuais de Solução de Conflitos (Nupemec) e da Corregedoria Geral de Justiça (CGJ) do respectivo Estado ou do Distrito Federal.

Segundo a Associação dos Notários e Registradores do Estado do Espírito Santo (Anoreg/ES) (2018, p. 8):

> A exemplo dos divórcios, inventários, reconhecimentos de paternidade, correções de erros em registros e legalizações de documentos para uso no exterior, esta é mais uma iniciativa dos Poderes Públicos de buscar nos Cartórios, presentes em todas as cidades do País, uma maneira de desjudicializar procedimentos e desobstruir a Justiça brasileira.

Assim, o CNJ oportunizou aos notários e registradores a liberalidade de exercer essa nova atribuição inerente à aplicação específica dessas técnicas, atuando, portanto, se assim o desejarem, como facilitadores da comunicação em prol do favorecimento da resolução de conflitos em esfera extrajudicial.

Essas atribuições adicionais, facultadas aos cartorários, não estão atreladas a nenhuma especialidade cartorial, haja vista que o provimento não realiza qualquer distinção por atribuição. Ademais, o art. 9º da Lei de Mediação contribui efusivamente para afastar quaisquer restrições inócuas, ao preconizar que a mediação pode ser realizada por "qualquer pessoa capaz que tenha a confiança das partes e seja capacitada para fazer mediação, independente de integrar qualquer tipo de conselho, entidade de classe ou associação, ou nele inscrever-se."

Indubitavelmente, essa interpretação favorece a população e contribui para uma redução do número de processos judiciais, haja vista que as serventias extrajudiciais se encontram espalhadas por todo o território nacional e estão, inclusive, presentes até mesmo nos locais mais longínquos e de difícil acesso. Locais esses que agora, diante do teor do Provimento do CNJ, adquiriram a potencial capacidade de, em assim desejando os seus responsáveis, transformarem-se em tábula de solução consensual de conflitos, contribuindo expressivamente para o desenvolvimento da Justiça colaborativa.

Outrossim, os cartórios, em regra, são instituições que gozam da confiança da população. Em que pese não se disponha de dados recentes, em pesquisa realizada em dezembro 2009 com 11.258 entrevistas, distribuídas em 381 municípios, representativos de todas as regiões do país, a pedido da Associação dos Notários e Registradores do Brasil (Anoreg/BR), entidade representativa dos notários e registradores, e com a finalidade de verificar a imagem dos cartórios junto à população brasileira, comparativamente com outras instituições, no tocante à "confiabilidade", a instituição ficou classificada como a segunda mais confiável (ASSOCIAÇÃO DOS NOTÁRIOS E REGISTRADORES DO BRASIL, 2009).

Os cartórios, alguns meses antes (agosto de 2009), em outra pesquisa realizada apenas com os usuários dos serviços cartorários nas cinco maiores capitais do País, também foram apontados como a segunda instituição líder em confiança e credibilidade na época, posicionando-se no topo da confiança dos seus usuários, quando em comparação com outras instituições do país; atingiu a média 8,1 no quesito "confiança e credibilidade", superando a nota atribuída a outras instituições tradicionais, como a imprensa, empresas, igrejas, ministério público, polícia, justiça, poder legislativo e governos (ASSOCIAÇÃO DOS NOTÁRIOS E REGISTRADORES DO BRASIL, 2009).

Em que pese não haja um comparativo entre a confiança depositada pela população nos cartórios e no judiciário, os índices de "confiança" deste segundo, conforme a última pesquisa ICJ Brasil

(Índice de Confiança na Justiça), da Fundação Getúlio Vargas (FGV), não são os melhores.

Apenas cerca de um quarto dos brasileiros afirmou confiar ou confiar muito no Poder Judiciário, número ligeiramente abaixo da confiança na Polícia (26%). Tal percentual se encontra bastante abaixo de outras instituições, como as Forças Armadas (56%) e a Igreja Católica (53%). Os brasileiros também confiam mais nas Redes sociais, na Imprensa Escrita, nas Emissoras de TV, nas Grandes Empresas e no Ministério Público do que no Judiciário (FUNDAÇÃO GETÚLIO VARGAS, 2017, p. 13).

Percebe-se que as instituições que superaram o Judiciário foram todas superadas em 2009 pelos cartórios.

Atrás do Poder Judiciário está somente a confiança nas esferas representativas, sendo que apenas 7% dos entrevistados confiam no Congresso Nacional, 7% nos Partidos Políticos, e 6% no Governo Federal. Os sindicatos também são considerados menos confiáveis que o Poder Judiciário (FUNDAÇÃO GETÚLIO VARGAS, 2017, p. 13).

Tanto os entrevistados mais jovens quanto os mais velhos avaliaram mal o Judiciário, todavia, mesmo assim, de acordo com a pesquisa, continuam muito dispostos a solucionar seus conflitos na Justiça (FUNDAÇÃO GETÚLIO VARGAS, 2017, p. 8). Os entrevistados com menor grau de escolaridade – assim como os de menor renda – são os que se mostram mais dispostos a acessar o Judiciário para resolver um conflito (FUNDAÇÃO GETÚLIO VARGAS, 2017, p. 10).

Percebe-se que apesar de avaliarem mal o Judiciário, os entrevistados têm alto grau de disposição para resolverem seus conflitos na justiça (FUNDAÇÃO GETÚLIO VARGAS, 2017, p. 7). Isso pode ocorre pelo fato de que os juízes possuem maior credibilidade que o próprio Judiciário, já que na percepção dos entrevistados, no primeiro semestre de 2017, 57% consideraram que os juízes são honestos (FUNDAÇÃO GETÚLIO VARGAS, 2017, p. 22).

Segundo esses dados do Índice de Confiança na Justiça, o brasileiro considera o Poder Judiciário "lento, caro e difícil de utilizar". Conforme a pesquisa:

> Esse diagnóstico tem se repetido ao longo dos anos. A principal dimensão que afeta a confiança no Judiciário é a morosidade na prestação jurisdicional. No primeiro semestre de 2017, 81% dos entrevistados responderam que o Judiciário resolve os casos de forma lenta ou muito lentamente. O custo para acessar a Justiça também foi mencionado por 81% dos entrevistados. E 73% dos entrevistados declarou que é difícil ou muito difícil utilizar a Justiça.
> A má avaliação da Justiça reflete as dimensões de honestidade, competência e independência. Em 2017, 78% dos entrevistados consideraram o Poder Judiciário nada ou pouco honesto, ou seja, a maioria da população entendeu que essa instituição tem baixa capacidade para resistir a subornos. Além disso, 73% dos respondentes consideraram que o Judiciário é nada ou pouco competente para solucionar os casos; e 66% acreditam que o Judiciário é nada ou pouco independente em relação à influência dos outros Poderes do Estado. (FUNDAÇÃO GETÚLIO VARGAS, 2017, p. 17).

O Provimento 67/2018 do CNJ surge, portanto, nesse cenário como a possível alternativa mais célere, econômica e acessível à população; o que, quiçá, pode ser, na prática, efetivo pelos cartórios por meio de convênio com câmaras privadas de conciliação e mediação, que já dispõem de conciliadores e mediadores que atendem aos requisitos exigidos pelo provimento: formação específica e cadastro.

As câmaras privadas nada mais são que pessoas jurídicas de direito privado com personalidade jurídica definida, com ou sem fins lucrativos. Podem também ser conhecidas como institutos ou centros. Não são órgãos julgadores, todavia ofertam serviços alternativos para a resolução de conflitos de interesses.

O objeto das Câmaras reside justamente na oferta da realização adequada dos procedimentos de conciliação e mediação extrajudiciais, nos termos do que lhes faculta a lei. Geralmente também oferecem serviços de arbitragem para solucionar de litígios.

Como instituição privada que o são, buscam sempre prestar atendimento de qualidade às partes e todas as informações concernentes ao assunto; possuem estrutura física para reuniões, audiências e sessões e o que mais for necessário, no afã de proporcionar às partes, aos advogados e aos profissionais a adequada realização dos atos inerentes a esses métodos extrajudiciais de composição de conflitos, constantes de suas cartas de serviços (FLENIK; FLENIK, 2015).

Apesar de essas Câmaras não estarem vinculadas ao Poder Judiciário ou ao Conselho Nacional de Justiça, e serem conduzidas pela iniciativa privada, existem outras instituições que, de certa forma, fiscalizam e orientam a atuação das Câmaras Privadas de Mediação, Conciliação e/ou Arbitragem, como, por exemplo, o Conselho Nacional das Instituições de Mediação e Arbitragem (CONIMA), que busca disseminar as boas práticas dos métodos alternativos para tratamento de conflitos (FLENIK; FLENIK, 2015).

Inobstante a ausência de vinculação ao Judiciário, essas Câmaras privadas devem necessariamente cadastrar-se junto aos tribunais dos respectivos estados de atuação e ao Conselho Nacional de Justiça, para que possam atuar em parceria com o Poder Judiciário, inclusive prestando serviços gratuitos aos hipossuficientes que necessitarem do apoio da mediação ou da conciliação para compor os conflitos (BORGES; SCOTTI; CUNHA; ZILLI NETO; CUNHA, 2017).

Assim, ao menos em primeira análise, seria possível o trabalho conjunto entre cartório e Câmaras Privadas de Conciliação e Mediação.

3.1 BREVE DESCRIÇÃO SOBRE OS SERVIÇOS NOTARIAIS E DE REGISTRO

Os cartórios, como são genérica e popularmente chamados, prestam um serviço público, por meio de um agente delegado, com o escopo de proporcionar segurança às relações jurídicas pessoais ou patrimoniais. Contribuem para o desafogamento do Judiciário e dão agilidade a diversos procedimentos, especialmente àqueles que não dependem do aval público (BLASKESI, 2018).

O legislador e o próprio Judiciário, como alhures exposto, têm admitido e facultado às partes, quando atendidas determinadas condições, a realização extrajudicial de diversos procedimentos que até pouco tempo somente eram admitidos com o aval do Estado-Juiz. Prova do exposto é que, nos últimos 10 anos, foi delegada à esfera extrajudicial a possibilidade de realização de inventários e partilhas, separações e divórcios, usucapião, retificação administrativas de imóveis, retificações de registros, e a própria conciliação e mediação, entre diversos outros.

No Brasil, foi com o denominado registro do vigário (Lei nº 601/1850 e Dec. 1318/1854) que a atividade notarial e registral efetivamente surgiu, quando a Igreja Católica passou a exigir a legitimação da aquisição pela posse, mediante um registro em livro próprio, passando, a partir de então, a realizar diferenciação entre terras públicas e terras privadas. A transmissão da posse, em função disso, e com o tempo, passou a ser realizada através de contrato e, no mais das vezes, através de instrumento público, que era confeccionado por um tabelião (LIMA, 2011).

Posteriormente adveio a ampliação dos atos registráveis, por intermédio da exigência da submissão ao Registro Geral (Lei n. 1237/1864) de todos os direitos reais sobre bens imóveis.

Hodiernamente, notário e registrador são profissionais que desempenham função notadamente pública, através de delegação obtida mediante aprovação em concurso público de provas e títulos (LIMA, 2011).

A atividade notarial e de registro tem por finalidade principal assegurar a publicidade, a autenticidade, a segurança e a eficácia dos atos jurídicos extrajudicialmente celebrados, o que faz de modo preventivo, evitando, portanto, o acúmulo de ainda mais processos no Judiciário, servindo os cartórios também como meio de pacificação social.

Segundo Brandelli (1988, p. 14-125), o risco decorrente da celebração de um negócio jurídico é expressivamente mitigado "com a intervenção tanto na configuração do negócio como em seu amoldamento documental, de alguém com preparação jurídica especializada, imparcialidade profissional e responsabilidade por sua atuação: o Notário."

A Constituição Federal de 1988 foi a responsável pela estruturação dos serviços cartorários em sua forma de concepção atual, posto que efetivou a inauguração de um novo marco no exercício das atividades notariais e registrais ao prever expressamente essas relevantes funções por ocasião de seu artigo 236, *in verbis*:

> Art. 236. Os serviços notariais e de registro são exercidos em caráter privado, por delegação do Poder Público.
> §1º Lei regulará as atividades, disciplinará a responsabilidade civil e criminal dos notários, dos oficiais de registro e de seus prepostos, e definirá a fiscalização de seus atos pelo Poder Judiciário.

§2º Lei federal estabelecerá normas gerais para fixação dos emolumentos relativos aos atos praticados pelos serviços notariais e de registro.

§3º O ingresso na atividade notarial e de registro depende de concurso público de provas e títulos, não se permitindo que qualquer serventia fique vaga, sem abertura de concurso de provimento ou de remoção, por mais de seis meses. (BRASIL, 1988).

Os serviços notariais são, portanto, prestados por profissionais do Direito, sendo de competência do bacharel, aprovado em concurso de provas e títulos, que será então investido na delegação de uma serventia e exercerá mister público, porém em caráter privado (BLASKESI, 2018).

Do próprio texto constitucional é possível inferir que os serviços notariais e registrais, que pese sejam públicos, são exercidos em caráter privado, a partir de uma necessária delegação obrigatória do Estado, por meio da qual o Poder Público transfere ao particular o exercício de determinada atividade a ser desempenhada. Ou seja, é atribuída a uma pessoa física – ao notário ou ao registrador – a prática de atos relativos e inerentes às atividades notariais e/ou de registro (PADOIN, 2011, p. 14).

Por serem serviços públicos, é adequado se designaem tais atividades como *serventias* ou *ofícios*, entretanto, diuturnamente as expressões usualmente utilizadas são *"tabelionato"* e *cartório*, referindo-se na verdade ao local onde os serviços são realizados.

Dada a natureza pública dos serviços, aqueles que estiverem no exercício delegado da função pública estão sujeitos às regras impostas ao funcionamento dos serviços públicos como um todo e são considerados funcionários públicos inclusive para fins penais, nos termos do que preconiza o art. 327 do Código Penal ("considera-se funcionário público, para os efeitos penais, quem, embora transitoriamente ou sem remuneração, exerce cargo, emprego ou função pública.")

A atividade notarial e registral depende sempre de prévia provocação do interessado, em razão do caráter essencialmente rogatório da função, sendo, portanto, defeso ao notário e ao registrador agirem de ofício. Evidentemente, por sua natureza e em decorrência de suas atribuições, são profissões que gozam de fé pública, haja vista a atuação como representantes do Estado, que deve ser alicerçada, portanto, no dever da imparcialidade e da necessária equidistância das partes (LIMA, 2011).

Brandelli (1998, p. 126), discorrendo acerca da atividade notarial e registral, consigna que incumbe aos cartorários:

> [...] a aplicação do seu mister de acordo com os ditames do Direito, e o zelo pela autonomia da vontade. Quanto ao primeiro aspecto, revela o dever do notário de desempenhar sua função em consonância com o ordenamento jurídico; deve receber a vontade das partes e moldá-la de acordo com o Direito, dentro de formas jurídicas lícitas. (...) O outro aspecto contempla a obrigação do tabelião de velar pela autonomia da vontade daqueles que o procuram; deve ele assegurar às partes, dentro do possível, uma situação de igualdade, bem como assegurar a livre emissão da vontade, despida de qualquer vício, recusando-se a desempenhar sua função caso apure estar tal vontade eivada por algum vício que a afete.

Enfim, conforme Brandelli (1998, p. 126), "a função notarial apresenta, simultaneamente, várias características. Ela constitui uma função jurídica, cautelar, técnica, rogatória, pública e imparcial." Em outros termos, a atividade cartorária consiste, enfim, em espécie de assessoramento extrajudicial das partes, através da transposição de suas vontades lícitas e legítimas para o instrumento público.

É inegável que esses profissionais técnicos trazem, ao mundo material, a garantia de que os negócios jurídicos encetados e celebrados em sua presença ou sob sua supervisão têm a presunção de veracidade e autenticidade necessárias, especialmente em virtude da fé pública que reveste sua função (BLAKESKI, 2018).

A finalidade primordial da atividade cartorária é, portanto, dar efetividade à vontade das partes, oportunizando publicidade aos atos praticados, tornando mais céleres e seguros os negócios jurídicos celebrados, tanto na esfera pessoal quanto na patrimonial dos usuários de tais serviços. É o que se extrai, inclusive, tanto da redação do artigo 1º da Lei nº 6.015/73 (que dispõe sobre os registros públicos), quanto daquela constante do artigo 1º da Lei nº 8.935/94 (que regulamenta o art. 236 da Constituição Federal, dispondo sobre serviços notariais e de registro, a denominada Lei dos Cartórios).

Como se percebe, o ordenamento jurídico brasileiro previu expressamente a existência de ofícios notariais e registrais, dispondo, por meio de leis específicas, sobre atividades de cada um deles, cuja regulamentação fica ao encargo do Conselho Nacional de Justiça e das Corregedorias de Justiça, a nível estadual (BLAKESKI, 2018).

A norma constitucional foi regulamentada especialmente por meio das Leis Federais nº 8.935/1994 e nº 10.169/2000.

A Lei nº 8.935/94 regulamentou os parágrafos primeiro e terceiro do artigo 236 da Constituição Federal e ficou conhecida como Lei dos Notários e Registradores (LNR), ou como Lei dos Cartórios, como se extrai de sua própria epígrafe. Discorreu sobre a natureza e fins dos serviços notariais e de registro (aos artigos 1º a 4º), os titulares dos serviços (ao artigo 5º), suas respectivas atribuições e competências (aos artigos 6º a 13), a forma de ingresso na atividade (aos artigos 14 a 21), a responsabilidade civil e penal daí decorrente (aos artigos 22 a 24), as incompatibilidades e impedimentos (aos artigos 25 a 27), os direitos e deveres funcionais (aos artigos 28 a 30), as infrações disciplinares e respectivas penalidades (aos artigos 31 a 36), a fiscalização exercida pelo Poder Judiciário (aos artigos 37 e 38), a extinção da delegação (ao artigo 39) e a seguridade social (ao artigo 40) (PADOIN, 2011, p. 14).

Já a Lei nº 10.169/2000 foi utilizada pelo legislador com o fim de regulamentar o parágrafo segundo do artigo 236 do texto constitucional, estabelecendo, em normas gerais, os critérios para a fixação dos emolumentos inerentes aos serviços notariais e registrais prestados aos interessados. Os emolumentos, notadamente, fazem frente ao custo efetivo do serviço prestado e remuneram o notário e o registrador.

A Constituição Federal, por ocasião do artigo 22, inciso XXV, reservou à União a competência privativa para legislar sobre registros públicos. E foi no exercício dessa atribuição que foi editada a Lei nº 6.015, em 31 de dezembro de 1973, conhecida como Lei de Registros Públicos (LRP), que "dispõe sobre o registro civil das pessoas naturais (artigos 29 a 113), registro civil de pessoas jurídicas (artigos 114 a 126), registro de títulos e documentos (artigos 127 a 166) e registro de imóveis (artigos 167 a 288)." (PADOIN, 2011, p. 15).

Já no que diz respeito ao serviço de protesto de títulos, previsto no artigo 5º, inciso III, da Lei nº 8.935/94, coube à Lei nº 9.492, de 10 de setembro de 1997, definir a competência e regulamento da prestação dos serviços inerentes.

Os serviços notariais e registrais, portanto, figuram no ordenamento jurídico brasileiro, como já definido pelo Ministro Carlos Ayres Britto, como:

> [...] típicas atividades estatais, mas não são serviços públicos, propriamente. Inscrevem-se, isto sim, entre as atividades tidas como função pública lato sensu, a exemplo das funções de legislação, diplomacia, defesa nacional, segurança pública, trânsito, controle externo e tantos outros cometimentos que, nem por ser de exclusivo domínio estatal, passam a se confundir com serviço público. (BRASIL, 2007.)

Ou seja, "a atividade registrÁria (e notarial), embora exercida em caráter privado, tem característicos típicos de serviço público." (CENEVIVA, 2007).

Acresce, Ribeiro (2009) que:

> São peculiares e exclusivos os contornos da função pública notarial e de registros no Brasil. A atividade

> apresenta uma face pública, inerente à função pública e por tal razão regrada pelo direito público (administrativo), que convive, sem antagonismo, com uma parcela privada, correspondente ao objeto privado do direito notarial e registral e ao gerenciamento de cada unidade de serviço, face esta regrada pelo direito privado. [...]
> O serviço público vai até o reconhecimento de que se trata de função estatal; de que o Estado mantém a titularidade do poder da fé pública cujo exercício delega a particulares, o que abrange a regulação da atividade no âmbito da relação de sujeição especial que liga cada particular titular de delegação ao Estado outorgante, a organização dos serviços, a seleção (mediante concurso de provas e títulos) dos profissionais do direito, a outorga e cessação da delegação, a regulamentação técnica e a fiscalização da prestação dos serviços para assegurar aos usuários sua continuidade, universalidade, uniformidade, modicidade e adequação.

Os serviços notariais e registrais esteiam-se, portanto, como importantes e imprescindíveis instrumentos para a segurança jurídica, oportunizando aos seus usuários a certeza de que os atos praticados alcançarão o objetivo colimado. E é nessa certeza que, provavelmente, se alicerçam a credibilidade e a confiabilidade que a população deposita em tais serviços, como alhures mencionado.

Dessa feita, a segurança jurídica que os ofícios notariais e registrais proporcionam ao ordenamento jurídico, aos envolvidos e aos direitos versados, erigida, entre outros, na certeza da veracidade dos atos, em razão, especialmente, da fé pública de seus agentes, é algo praticamente imensurável, que faz com que esses serviços figurem dentre os mais confiáveis, segundo os próprios usuários.

Os atos celebrados extrajudicialmente, perante profissionais especializados, evitam diversos litígios futuros, agindo, pois, os cartorários de forma preventiva, trazendo segurança jurídica e contribuindo para a paz social. Ademais, contextualizado ao atual panorama de sobrecarga do Judiciário, os serviços notariais e de registro emergem cada vez mais como alternativas para mais celeremente efetivarem-se determinados direitos.

Trata-se, portanto, de vocação dos serviços notariais e registrais inserir-se nos mais diversos espectros das relações sociais e interpessoais, servindo como meio de desburocratização e de prevenção da necessidade de acesso ao judiciário; ou, ainda, de alternativa mais célere e menos onerosa; sempre alinhada ao respeito ao cidadão e ao bem comum. Em outras palavras, tais serviços já contribuem e podem contribuir muito mais para o desabarrotamento do Poder Judiciário, por meio da efetivação célere dos direitos das pessoas.

3.2 O PROVIMENTO 67/2018 DO CNJ E SUA IMPORTÂNCIA NA PRÁTICA NOTARIAL E REGISTRAL

Hodiernamente, a conciliação e a mediação têm ganhado relevância e especial atenção dos legisladores. A Resolução 125/2010 do CNJ, o Código de Processo Civil de 2015 e a Lei nº 13.140/2015 criaram o que a doutrina denomina de microssistema legislativo, que versa sobre o uso dos métodos adequados de solução de conflitos sob a égide do ordenamento jurídico brasileiro.

A novidade mais recente nesse microssistema normativo adveio por intermédio de contribuição do CNJ, mais especificamente da edição do Provimento 67, de 26 de março de 2018, editado pelo então corregedor nacional da Justiça, Ministro João Otávio de Noronha.

O Provimento dispôs sobre a possibilidade da realização dos procedimentos de conciliação e mediação no âmbito dos serviços notariais e registrais do Brasil.

Trata-se, segundo Cabral (2018), de resposta à antiga reivindicação dos notários, que ao que parece já vinham se estruturando na expectativa de poder realizar o oferecimento dos referidos serviços.

Cabral (2018) menciona, inclusive, que:

> Em 2016, houve uma consulta no CNJ (0003416-44.2016.2.00.0000) sobre dois temas: a) a possibilidade de os notários e registradores realizarem conciliações e mediações voluntariamente no âmbito judicial; e b) a viabilidade de os cartórios extrajudiciais prestarem serviços de conciliação e de mediação no âmbito extrajudicial. A primeira questão foi respondida positivamente. Já a segunda foi no sentido da necessidade de prévia normatização pelo CNJ, garantindo a padronização e a adequada fiscalização dos serviços, o que se concretizou por meio do provimento em comento.

De fato, da parte dispositiva da mencionada consulta, colhe-se a seguinte resposta:

> a) é possível que notários e registradores realizem atividade de conciliação e/ou mediação no âmbito dos processos judiciais, em caráter voluntário, de forma não remunerada, desde que tal exercício se dê exclusivamente no âmbito dos Centros Judiciários de Solução de Conflitos e Cidadania (Centros ou Cejuscs), a que se refere o art. 8º, caput, da Resolução

> CNJ 125/2010 e seja supervisionado diretamente por um magistrado; b)enquanto não houver ato normativo editado pelo CNJ a regulamentar a matéria, conclui-se que é vedada a realização da atividade de conciliação e/ou mediação pelas autoridades cartorárias no âmbito extrajudicial. (CONSELHO NACIONAL DE JUSTIÇA, 2017, p. 7).

Ou seja, já advinha da consulta permissão expressa para que cartorários atuassem voluntariamente como mediadores judiciais, posto que nada existia no ordenamento jurídico apto a justificar eventual vedação da "prática de atividade voluntária, não remunerada [...] por notários e registradores." Considerou o CNJ, inclusive, que não era "razoável que o notário ou registrador, sobretudo quando bacharel em Direito, fique impedido de contribuir para a solução dos conflitos judiciais por meio de mediação/conciliação." (CONSELHO NACIONAL DE JUSTIÇA, 2017, p. 3).

Já no que concernia ao exercício da atividade extrajudicial, consignou-se a:

> [...] absoluta necessidade de normatização, emanada deste Conselho Nacional de Justiça, que estabeleça regras e parâmetros uniformes para todo o território nacional, observadas as cautelas indispensáveis à correta implementação do instituto, com observância estrita dos ditames constitucionais e legais aplicáveis à espécie e com o necessário prestigiamento da normativa já existente no âmbito do CNJ. (CONSELHO NACIONAL DE JUSTIÇA, 2017, p. 7).

Motivo pelo qual decidiu-se no sentido de que: "[...] enquanto não houver ato normativo editado pelo CNJ a regulamentar a matéria, conclui-se que é vedada a realização da atividade de conciliação e/ou mediação pelas autoridades cartorárias no âmbito extrajudicial." (CONSELHO NACIONAL DE JUSTIÇA, 2017, p. 7).

Assim, foi em resposta a tais anseios que, com seus 42 artigos, adveio o Provimento 67/2018, no afã de compatibilizar suas disposições com a Resolução 125/2010 do CNJ, com o Código de Processo Civil e com a Lei de Mediação (Lei nº 13.140/2015).

Trata-se, segundo Leitão (2018), da continuidade de um movimento de:

> [....] desjudicialização, modernamente já chamado de compartilhamento da justiça, posto que, na verdade, não se trata de uma subtração, mas, sim, de um compartilhamento com o Poder Judiciário da responsabilidade por esse número estratosférico de ações judiciais, transferindo-se determinadas questões que não envolvem litigiosidade, ou seja, de jurisdição voluntária, para os serviços extrajudiciais. Como exemplo dessa tendência, temos o reconhecimento da paternidade diretamente nos Registros Civis (Lei nº 8.560/92), o reconhecimento de filiação homoparental (Provimento CNJ nº 52/2016), além do da filiação socioafetiva, com o Provimento CNJ 63/17, que revogou o Provimento CNJ nº 52/2016, o processamento do inventário, do divórcio e da separação extrajudiciais, diretamente nos Ofícios de Notas (Lei nº 11.441/07 e Resolução CNJ nº 35/2017), o reconhecimento da usucapião extrajudicial, diretamente no Registro de Imóveis (art. 1.071, do CPC e Provimento CNJ nº 65/2017).

Movimento esse que teria se iniciado em decorrência de um aumento exponencial do número de ações em trâmite nos tribunais, o que teria deixado o Poder Judiciário sem condições mínimas de atender de forma eficaz a todas as demandas.

Tal cenário teria advindo após a promulgação da Constituição de 1988, quando

> [...] diversos direitos foram criados, principalmente na área dos direitos sociais, por exemplo, o direito à educação, à moradia, à saúde, à alimentação, à segurança, o direito do idoso, da criança, da pessoa com deficiência, entre outros, ao mesmo tempo, que o nosso texto constitucional prevê a inafastabilidade de apreciação pelo Poder Judiciário de qualquer lesão ou ameaça a direito. (LEITÃO, 2018).

O Provimento 67/2018, nessa conjuntura, ao passo que contemplou reivindicações já existentes entre os notários e registradores, que já vinham pretendendo oferecer os métodos adequados de tratamento de conflitos à sociedade, também oportunizou alternativa mais célere e efetiva aos interessados em resolver seus conflitos, contribuindo para a implementação de mais um serviço apto à contribuição do processo de desafogamento do judiciário.

Trata-se de iniciativa tendente ao oferecimento aos cidadãos de mais um ambiente seguro para a solução de seus eventuais conflitos, especialmente nas localidades em que os Cejuscs ainda não foram instalados ou em que o acesso ao Judiciário é ainda mais dificultoso (CABRAL, 2018).

O Provimento propiciou também a padronização e a fiscalização das atividades exercidas pelos cartórios e pelos órgãos competentes.

A partir de então, as serventias extrajudiciais, dotadas de fé pública, passaram a dispor de potenciais condições de, mediante a prestação de serviços de tratamento adequado de conflitos, servirem como importantes e disseminadas fontes de implementação e efetivação da política pública permanente de incentivo e aperfeiçoamento dos mecanismos consensuais de solução de litígios e da pacificação social (CABRAL, 2018).

O Provimento determinou, porém, a necessidade do cumprimento de diversas obrigações para que o serviço notarial ou registral possa passar a prestar o serviço de mediação ou conciliação.

Leitão (2018) relaciona as seguintes exigências impostas pelo CNJ:

1. O serviço notarial e de registro deverá iniciar um processo para obter autorização para prestar esses serviços perante o NUPEMEC e CGJ;
2. Poderá designar no máximo 5 (cinco) escreventes;
3. O escrevente para ser mediador ou conciliador deverá ser certificado, de acordo com o Provimento CNJ nº 125/10, Anexo I, com a redação dada pela Emenda nº 2/2016 (que trata da mediação judicial), ou seja, ele terá que demonstrar que participou de 40hs/aula (teórica) + 100 horas de estágio, sendo que para que ele tenha o certificado terá que comprovar 100% (cem por cento) de frequência no módulo teórico;

4. Além disso, o escrevente terá que, a cada 2 (dois) anos, comprovar curso de aperfeiçoamento;
5. Os procedimentos de conciliação e de mediação nos Tabelionatos terão dupla fiscalização, uma pela Corregedoria Geral de Justiça e outra pelo juiz coordenador do Centro Judiciário de Solução de Conflitos e Cidadania (CEJUSC); [...]

E prossegue já elencando situações controversas não adequadamente aclaradas pelo Provimento:

6. Fora isso, tanto a Lei nº 13.140/2016, no seu art. 42, como o Provimento CNJ nº 67/2018, em seu art. 13, determinam que o serviço notarial e de registro só poderá prestar o serviço dentro do âmbito da sua competência. Entendo que essas determinações tornarão a prestação do serviço muito confusa, haja vista que as competências por vezes podem gerar dúvidas;
7. Outra grande dificuldade será a cobrança do serviço. Nos termos do Provimento CNJ nº 67/2018, o preço (emolumento) do serviço será o de uma escritura declaratória sem valor econômico, se a sessão de mediação durar até 60 (sessenta) minutos. No Rio de Janeiro o valor da escritura declaratória sem valor econômico é de R$ 215,46, sendo que desse valor, apenas 26% pertence ao Tabelionato, o restante dessa importância corresponde aos tributos que deverão ser recolhidos;
8. E, por fim, caso a sessão exceda os 60 (sessenta) minutos, será cobrada pelo tempo excedido, proporcionalmente. Como vamos fiscalizar esse tempo excedido? Sob que rubrica esse tempo excedido será considerado e cobrado, posto que não existe esse ato notarial? Cabe lembrar que apenas na hipótese de a mediação lograr êxito e ser celebrado um acordo é que este será

> formalizado por meio de uma escritura declaratória sem valor econômico. Apenas neste caso, teremos como fiscalizar e recolher os tributos devidos. (LEITÃO, 2018).

Todavia, tais celeumas podem e dever ser sanadas pelas Corregedorias-Gerais de Justiça dos estados e do Distrito Federal e pelos Núcleos Permanentes de Métodos Consensuais de Solução de Conflitos (Nupemecs), aos quais se incumbe a regulamentação em nível local, inclusive exigida pelo provimento em tela, permitindo-se, assim, que a população seja contemplada o mais breve possível com o oferecimento de conciliação e de mediação também pelos serviços notariais e de registro (CABRAL, 2018).

Essa delegação se deve ao fato de que a política judiciária nacional de tratamento adequado de conflitos, prevista na Resolução CNJ n. 125/2010, foi estruturada na forma de um tripé, no qual:

> [...] no ápice está o CNJ, com algumas atribuições de caráter geral e nacional; abaixo dele estão os Núcleos Permanentes de Métodos Consensuais de Solução de Conflitos (NUPEMECs) de cada tribunal, responsáveis pelo desenvolvimento da Política Pública nos Estados e pela instalação e fiscalização dos Centros Judiciários de Solução de Conflitos e Cidadania (CEJUSCs); os CEJUSCs são as "células" de funcionamento da Política Pública, nas quais atuam os grandes responsáveis pelo seu sucesso, suas "peças-chave", que são os conciliadores, mediadores e demais facilitadores de solução de conflitos, bem como os servidores do Judiciário, aos quais cabe a triagem dos casos e a prestação de informação e orientação aos jurisdicionados para garantia do legítimo direito ao acesso à ordem jurídica justa. (CONSELHO NACIONAL DE JUSTIÇA, [entre 2015 e 2018b]).

Pelo que já se extrai do provimento, resta claro que a mediação extrajudicial cartorária se desenvolverá nas dependências do cartório extrajudicial, ou seja, fora das instalações físicas de um fórum, o que, segundo Hill (2018, p. 305) contribuiu significativamente para o processo de desvinculação da mediação da solução adjudicativa estatal, assim como para o afastamento do temor reverencial que o Estado-juiz provoca de forma inata na sociedade.

Hill (2018, p. 314-315) acrescenta que:

> A realização da mediação nos cartórios extrajudiciais possui a grande vantagem de se realizar em local apartado da estrutura física do fórum, embora fiscalizados por eles.
> Esse dado pode, à primeira vista, parecer singelo, mas a experiência do atendimento ao público demonstra a sua relevância. Isso porque o cidadão brasileiro médio sente certo temor reverencial ao adentrar no fórum, independentemente da providência que deva tomar naquele local. O simples fato de entrar no fórum, que é, por si só, um local formal, incute no cidadão essa percepção. E ela se mostra profundamente deletéria para a mediação, pois prejudica a visualização de que esse método de solução de conflitos em pouco ou nada se identifica com a solução adjudicada estatal.

Logo, ainda que o cartório extrajudicial necessite se credenciar formalmente como Cejusc para o oferecimento dos métodos adequados de tratamento de conflitos, na prática a conciliação e a mediação se realizarão nas dependências do cartório e não em uma sala do tribunal.

Os cartórios seriam, em tese, um ambiente mais informal, apto a deixar as partes mais à vontade e confortáveis para dialogar entre si de maneira, quiçá, mais franca, revelando, assim, suas reais pretensões, de modo a permitir que o conciliador ou mediador efetivamente as auxilie a atingir um acordo.

Os cidadãos, ao que tudo indica, estão acostumados a se dirigirem aos cartórios de suas cidades para a realização dos atos da vida civil que, para eles mesmos, são perfectibilizados de forma mais natural (como nascimentos, casamentos, óbitos, etc.). Ou seja, ao se dirigir ao cartório extrajudicial, o cidadão o faz sem aquele temor inerente ao deslocamento ao fórum, posto que sabe que ao ir até o primeiro não irá encontrar um magistrado ou *longa manus* seu.

Em cidades interioranas é inegável a proximidade existente entre os cartórios e os cidadãos, os quais, como lembra Hill (2018, p. 314-315),

> [...] chegam a se dirigir ao cartório mais próximo de sua residência para obter as mais diversas informações sobre o exercício da cidadania, tais como indagar sobre como retirar segunda via de documento de identificação, renovar carteira de habilitação para dirigir veículos, regularizar o cadastro eleitoral, perguntar onde se situa a Defensoria Pública, etc. Ou seja, os cidadãos visualizam os cartórios com salutar proximidade, o que é um ponto nodal para uma mediação bem sucedida.

Outrossim, os cartórios extrajudiciais estão espalhados por todo o País (inclusive nos rincões mais distantes) e encontram-se situados, em regra, em locais de fácil acesso nas diferentes cidades, de modo a oportunizar que os usuários a eles se dirijam sem maiores dificuldades.

Essa capilaridade inegável dos diversos cartórios (imobiliário, civil de pessoas naturais e jurídicas, de títulos e documentos, de distribuição) se mostra também de grande valia para a disseminação da conciliação e da mediação nos diversos recantos do Brasil. Em suma, oferece a oportunidade de se resolver adequadamente os conflitos em locais muito próximos dos destinatários dos serviços, tornando os métodos, portanto, mais acessíveis, especialmente para a parcela da população que não integra os grandes centros urbanos (HILL, 2018, p. 305).

Os usuários dos serviços poderão também escolher livremente o registrador ou tabelião de sua preferência para atuar como conciliador ou mediador, como se extrai do artigo 13 do Provimento nº 67/2018 do CNJ; não havendo exigência da necessidade da observância do princípio da territorialidade (CENEVIVA, 2002, p. 8), haja vista que, ante as peculiaridades inerentes à conciliação e à mediação, deve-se privilegiar, mesmo que em detrimento daquele princípio, a confiança dos envolvidos na pessoa do conciliador ou do mediador, ou seja, prioriza-se a autonomia da vontade das partes.

Pois bem, agora que o CNJ municiou os cartórios com o arsenal legislativo necessário, impinge-lhes a formação de conciliadores e mediadores capacitados e em número suficiente, bem como a criação e implementação de estruturas físicas adequadas, de sorte que possam começar a atender ao imenso e cada vez mais crescente volume de litígios por meio do manejo dos métodos adequados de tratamento de conflitos.

3.3 A VIABILIDADE DA ATUAÇÃO DAS CÂMARAS PRIVADAS DE CONCILIAÇÃO E MEDIAÇÃO NOS SERVIÇOS NOTARIAIS E DE REGISTRO DO BRASIL

Como visto, dos profissionais que forem atuar na aplicação dos métodos de tratamento adequado de conflitos será exigida formação qualificada, de modo que somente poderão vir a atuar como conciliadores ou mediadores aqueles que forem formados em curso específico para o desempenho das funções inerentes, observadas as diretrizes estabelecidas no Anexo I da Resolução CNJ nº 125/2010, que definiu os parâmetros curriculares mínimos para a formação desses terceiros facilitadores (conciliadores e mediadores).

Os cartórios poderão utilizar-se de seus escreventes, desde que estejam devidamente capacitados conforme a previsão do Provimento nº 67/2018 do CNJ. O aludido Provimento também não realizou qualquer vedação acerca da contratação, pelos cartórios, de conciliadores e mediadores que já estejam devidamente capacitados, exigindo, por óbvio, apenas que esses profissionais também estejam capacitados nos termos da Resolução nº 125/2010 do CNJ.

Assim, por força do disposto no artigo 11 da Lei nº 13.140/2015:

> [...] poderá atuar como mediador judicial a pessoa capaz, graduada há pelo menos dois anos em curso de ensino superior de instituição reconhecida pelo Ministério da Educação e que tenha obtido capacitação em escola ou instituição de formação de mediadores, reconhecida pela Escola Nacional de Formação e Aperfeiçoamento de Magistrados - ENFAM ou pelos tribunais, observados os requisitos mínimos estabelecidos pelo Conselho Nacional de Justiça em conjunto com o Ministério da Justiça.

Essa possibilidade de contratação, a princípio, se estenderia também às Câmaras Privadas, que possuem, com as devidas adaptações, os mesmos direitos e deveres dos mediadores e conciliadores, conforme se extrai do artigo 175, parágrafo único, do Código de Processo Civil, atendidos os requisitos legais.

De acordo com o parágrafo único do artigo 12-C da Resolução CNJ n. 125/2010, incluído pela Emenda n. 02/2016, o cadastramento de câmaras privadas é meramente facultativo para a realização de sessões de mediação ou conciliação pré-processuais. No entanto, se realizada a opção pelo cadastro, as câmaras privadas ficam sujeitas às regras fixadas na Resolução CNJ n. 125/2010, inclusive quanto à capacitação, bem como as disposições contidas no Código de Processo Civil (artigos 167, "caput" e § 4º, 169, § 2º e 175, parágrafo único) (CONSELHO NACIONAL DE JUSTIÇA, [entre 2015 e 2018a]).

Colhe-se do artigo 12-C da Resolução CNJ nº 125/2010, *in verbis*:

> Art. 12-C. As Câmaras Privadas de Conciliação e Mediação ou órgãos semelhantes, bem como seus

> mediadores e conciliadores, para que possam realizar sessões de mediação ou conciliação incidentes a processo judicial, devem ser cadastradas no tribunal respectivo (art.167 do Novo Código de Processo Civil) ou no Cadastro Nacional de Mediadores Judiciais e Conciliadores, ficando sujeitas aos termos desta Resolução.
> Parágrafo único. O cadastramento é facultativo para realização de sessões de mediação ou conciliação pré-processuais. (CONSELHO NACIONAL DE JUSTIÇA, 2010).

Ou seja, para atuar como câmara privada devidamente cadastrada, seus integrantes devem necessariamente ser mediadores cadastrados no respectivo tribunal, sendo necessária, para tanto, a capacitação nos moldes da Resolução CNJ n. 125/2010 do Conselho Nacional de Justiça.

Em Santa Catarina, a inclusão de conciliadores e mediadores no cadastro estadual do Tribunal de Justiça depende de prévia aprovação do candidato por parte da Coordenadoria Estadual do Sistema dos Juizados Especiais e do Núcleo Permanente de Métodos Consensuais de Solução de Conflitos (Cojepemec), órgão ao qual se atribuiu o encargo da manutenção, a organização, o desligamento e o gerenciamento do cadastro de conciliadores e mediadores e o credenciamento estadual das câmaras privadas de conciliação e mediação (SANTA CATARINA, 2018, p. 1).

A Resolução nº 18, de 18 de julho de 2018, do Tribunal de Justiça do Estado de Santa Catariana (TJ/SC), ao artigo 4º previu os requisitos para a inscrição dos interessados no cadastro estadual do Tribunal de Justiça de Santa Catarina:

> I – ser capacitado em conciliação ou mediação por entidade habilitada perante a Escola Nacional de Formação e Aperfeiçoamento de Magistrados – ENFAM, cujos cursos tenham sido ministrados de acordo com o conteúdo programático fixado pelo Conselho Nacional de Justiça em conjunto com o Ministério da Justiça;
> II – ser graduado há pelo menos dois anos em curso de ensino superior, para mediação;
> III – ser graduando ou graduado em curso de ensino superior, para conciliação;
> IV – estar em pleno gozo da capacidade civil;
> V – não sofrer de incapacidade que o impossibilite do exercício da função;
> VI – não incidir nas hipóteses de suspeição ou impedimento previstas na legislação processual civil;
> VII – não ter sofrido penalidade administrativa nem ter praticado ato desabonador no exercício de cargo público ou de atividade pública ou privada. (SANTA CATARINA, 2018, p. 2).

E o documentos necessários para tanto são:

> a) currículo completo e atualizado;
> b) certidões de distribuição cível e criminal das comarcas e do Tribunal de Justiça do Estado de Santa Catarina;
> c) cópia da carteira de identidade;
> d) cópia do CPF;
> e) cópia de comprovante de endereço;
> f) cópia do certificado de conclusão de curso superior, se for o caso;
> g) cópia do certificado de capacitação em conciliação e/ou mediação e, havendo, de especializações; e
> h) em se tratando de mediador, indicação da expectativa de remuneração, de acordo com os níveis apresentados no Anexo I desta resolução. (SANTA CATARINA, 2018, p. 2).

Após a submissão do requerimento do conciliador ou mediador ao Coordenador do Cojepemec, poderá o requerente ser instado à complementação da documentação, bem como ser submetido à avaliação "mediante prova, concurso público, entrevistas ou qualquer outro meio idôneo, e delegar o exame ao magistrado Coordenador do CEJUSC ou, em não o havendo, a juiz diretor do foro", conforme teor dos artigos 4º, §2º e 5º, §1º da Resolução 18/2018 do TJ/SC (SANTA CATARINA, 2018, p. 3).

Somente após esse processo, ainda nebuloso e carente de objetivismo, é que os candidatos cujos requerimentos forem deferidos terão seus nomes incluídos no cadastro estadual, após a assinatura de um termo de compromisso.

A lista com os nomes dos conciliadores e dos mediadores regularmente cadastrados será, então, disponibilizada no portal do Tribunal de Justiça na internet.

Já para o credenciamento de câmaras privadas de conciliação e mediação, o qual também estará sujeito à aprovação pelo Cojepemec, devem os interessados apresentar requerimento instruído também com uma série de documentos:

> I – cópia autenticada dos documentos constitutivos, com a descrição do objeto da atividade – prestação de serviço de conciliação e de mediação;
> II – cópia autenticada do comprovante do registro;
> III – relação dos membros que compõem a câmara privada de conciliação e mediação, com cópia dos respectivos documentos de identificação;
> IV – relação dos conciliadores e dos mediadores, com cópia dos respectivos documentos de identificação e certificados de conclusão de curso de conciliação e/ou mediação realizado nos termos da resolução da ENFAM;

V – indicação da sede e do local de exercício da atividade, se não for o caso de atuação em ambiente exclusivamente virtual;
VI – compromisso de atendimento gratuito de 20% (vinte por cento) de casos, tendo como parâmetro o número de atendimentos onerosos realizados no mês anterior; e
VII – certidão negativa de débitos trabalhistas. (SANTA CATARINA, 2018, p. 3).

No mesmo ato de requerimento deverá ser informada pela câmara a sua capacidade de atendimento, posto que, nos termos do art. 20 da Resolução 18/2018 do TJ/SC, deverá necessariamente reservar 20% (vinte por cento) de sua capacidade de atendimento para a realização de conciliações e mediações sem qualquer cobrança de honorários em prol de hipossuficientes já agraciados com a gratuidade da justiça. Percentual esse que, se inobservado, ensejará a suspensão do credenciamento da câmara e, na hipótese de reiteração, seu desligamento definitivo.

A previsão do percentual de gratuidade vem ao encontro do disposto no artigo 12-C da Resolução CNJ nº 125/2010:

> Art. 12-D. Os tribunais determinarão o percentual de audiências não remuneradas que deverão ser suportadas pelas Câmaras Privadas de Conciliação e Mediação, com o fim de atender aos processos em que foi deferida a gratuidade da justiça, como contrapartida de seu credenciamento (art.169, § 2º, do Novo Código de Processo Civil), respeitados os parâmetros definidos pela Comissão Permanente de Acesso à Justiça e Cidadania ad referendum do plenário. (CONSELHO NACIONAL DE JUSTIÇA, 2010).

Assim como ocorre no credenciamento dos conciliadores e mediadores, poderá o Cojepemec realizar, por meio do juiz coordenador do Cejusc, ou mesmo do juiz diretor do foro da comarca em que a câmara privada pretende funcionar, verificação da idoneidade da câmara, com a adoção das seguintes providências, previstas no art. 10 da Resolução 18/2018 do TJ/SC:

> I – entrevistar os membros da entidade;
> II – vistoriar os locais de atuação da câmara, verificando inclusive o atendimento das exigências previstas na Lei n. 13.146, de 6 de julho de 2015, Lei Brasileira de Inclusão da Pessoa com Deficiência – Estatuto da Pessoa com Deficiência;
> III – determinar medidas para garantir a correta instalação e o bom funcionamento da câmara no âmbito judicial.

Uma vez admitida, a câmara será também incluída no cadastro do Tribunal de Justiça, que remeterá lista aos Juízes Coordenadores do Cejusc e aos Juízes de Direito Diretores de Foro, especialmente da comarca em que a câmara se encontrar instalada.

Similar procedimento de admissão, para cadastro de conciliadores, mediadores e câmaras privadas de conciliação e mediação foi sistematizado, normatizado e implementado pelos tribunais dos demais estados da federação e do Distrito Federal, todos com exigências e requisitos muito parecidos.

Com o escopo de que não houvesse confusão na compreensão dos usuários acerca da natureza dos serviços prestados, foi expressamente vedado, não apenas no Estado de Santa Catarina, o uso de brasão e demais símbolos da República Federativa do Brasil e do estado da federação pelas câmaras privadas. Proibiu-se, também, o emprego da denominação de *tribunal* ou *corte* ou expressão semelhante para a câmara, e a de *juiz, magistrado* ou equivalente para seus membros.

Tais vedações decorrem, em nível nacional, de acréscimo realizado pela Emenda nº 2, de 08 de março de 2016, à Resolução CNJ nº 125/2010, que passou a contar com o art. 12-F, *in verbis*: "Art. 12-F. Fica vedado o uso de brasão e demais signos da República Federativa do Brasil pelos órgãos referidos nesta Seção, bem como a denominação de 'tribunal' ou expressão semelhante para a entidade e a de 'Juiz' ou equivalente para seus membros."

Tanto dos conciliadores e mediadores quantos das câmaras se exige o registro e a manutenção de dados acerca do número de processos em que se atuou, bem como a respeito do sucesso ou insucesso das atividades e as matérias sobre as quais versavam as controvérsias.

Desta feita, é perceptível, ao se tomar por parâmetro o caso de Santa Catarina, o nível de exigência e o controle realizado pelos tribunais acerca do atendimento pelas câmaras privadas das normas aplicáveis à atividade que pretendem exercer.

Outrossim, os tribunais têm, em regra, admitido a atuação de conciliadores e mediadores devidamente qualificados e que atendam aos requisitos para cadastro inclusive nos procedimentos judiciais, na modalidade voluntária.

Desta feita, se o mesmo conciliador e mediador, quando devidamente qualificado e cadastrado nos termos das disposições aplicáveis à espécie, encontra-se reconhecidamente habilitado para a aplicação dos métodos adequados de tratamentos de conflitos, tanto na esfera judicial (ainda que de forma voluntária), quanto na esfera extrajudicial, junto às câmaras privadas de conciliação e mediação, não haveria porque se vedar a atuação conjunta, em cooperação ou de forma associada, dos cartórios com as câmaras privadas, utilizando-se, pois, aqueles profissionais já formados que as compõem.

O Provimento 67/2018 do CNJ somente exigiu dos conciliadores ou mediadores cartorários a formação em curso para o desempenho das funções, observadas as diretrizes curriculares estabelecidas no Anexo I da Resolução CNJ n. 125/2010, com a redação dada pela Emenda n. 2, de 8 de março de 2016, não a tornando atividade privativa do notário ou registrador, que pode, portanto, contratar terceiros para o desenvolvimento de tais atividades.

Assim, não haveria, *prima facie*, qualquer óbice à contratação de câmaras privadas de conciliação e mediação para o desenvolvimento das conciliações e mediações autorizadas pelo aludido provimento.

4 CONCLUSÃO

O atual contexto de popularização de acesso à justiça e o abarrotamento do poder judiciário, com suas características deficitárias inerentes, recomendam uma contínua investigação teórica sobre a possibilidade de efetivação e ampliação das formas de resolução extrajudicial dos conflitos, com vistas a oportunizar uma resposta mais célere, econômica e justa àqueles que se encontram em situação de impasse ou conflito.

Necessário também transformar a percepção de que somente por meio da intervenção judicial seria possível haver a resolução de conflitos entre os particulares ou mesmo entre estes e a administração pública.

A vida em sociedade gera suas inerentes e próprias relações. Se em qualquer uma dessas relações sociais emerge um conflito, e uma decisão sobre este for requerida do Judiciário, advirá uma sentença sobre aquela relação social em apreço. Consequentemente, é inegável que o Judiciário funcionaliza e processa conflitos sociais das mais diversas naturezas, mas suas decisões não eliminam e, muitas vezes, tampouco neutralizam relações sociais que lhe deram causa. Ou seja, ele decide sobre aquela situação especificamente demandada (e somente nos exatos termos do que lhe foi requerido), o que não obsta, obviamente, que outras controvérsias com novas ou idênticas características eclodam ou que continue existindo. A atuação do Poder Judiciário, portanto, interrompe, na melhor das hipóteses, tão somente aquela relação conflitiva (salvo situações que envolvam ações coletivas), mas não é capaz de obstar o desenvolvimento de outras, às vezes até mesmo decorrentes da primeira, apreciada, ou com os mesmos envolvidos.

Foi por isso, ante tal cenário, que se fomentou o surgimento de outras práticas tendentes ao tratamento quiçá mais adequado dos conflitos, com o escopo de possibilitar o diálogo e promover efetivas mudanças de paradigmas.

É rumo diverso daquele privilegiado pela cultura do litígio que, portanto, se distancia da lógica determinista binária do ganhar ou perder.

As novas técnicas passam a observar a singularidade dos conflitos e também de cada um dos envolvidos, mirando o bem-estar e a satisfação de ambas as partes, que são instadas a participar ativamente da resolução de seus problemas, atuando de maneira mais colaborativa e consensual, o que permite que todos saiam ganhando.

Essa mudança estratégica favorece o aumento da compreensão e do reconhecimento dos sujeitos em conflito e incrementa o diálogo e a capacidade de comprometimento com as decisões e acordos participativamente construídos.

Essas respostas aos conflitos, alcançadas por meio dessas novas metodologias (arbitragem, conciliação, mediação), vêm acompanhadas da possibilidade de recomposição das relações outrora existentes entre as partes.

As técnicas extrajudiciais de resolução de conflitos, portanto, além de serem cabíveis ao tratamento adequado de diversos impasses que emergem no seio da sociedade, também são adequadas, tanto à luz de argumentos de produção – cotejo dos resultados a serem obtidos com menor dispêndio de tempo e de recursos – quanto de argumentos de qualidade – superioridade dos resultados.

A conciliação, enquanto técnica de tratamento de conflitos, pode propiciar a resolução consensual de litígios, revelando-se adequada por dispor de aptidão para proporcionar a rápida resolução do conflito, com um baixo custo e por meio de uma solução escolhida pelas próprias partes em disputa, com a possibilidade de sugestionamento pelo conciliador. Nesta esteira, a resolução consensual tende a ser qualitativamente superior à resolução do conflito por meio heterocompositivo, em que, consabidamente, a resolução do conflito advém de uma decisão imposta por um terceiro neutro imparcial, seja ele um juiz ou um árbitro.

Em paralelo, a arbitragem, em que pese heterocompositiva, também pode ser considerada técnica adequada para a resolução de conflitos diversos, especialmente para a apreciação de disputas em que se espera do terceiro julgador, no caso do árbitro, conhecimentos específicos sob o tema ou objeto do conflito.

A mediação, por sua vez, possui como principal característica e vantagem a possibilidade de, muito além da chamada *lide material*, permitir a resolução e o tratamento da *lide sociológica*, ou seja, da raiz ou razão de ser daquele impasse ou conflito; visando restabelecer a comunicação e as relações interpessoais existentes entre os envolvidos, com o escopo de prevenir a superveniência de novos conflitos.

A investigação das espécies de técnicas extrajudiciais de adequado tratamento de conflitos e das características inerentes a cada uma das delas revela as vantagens de tais métodos diante de litígios judiciais, assim como, em assim desejando os particulares, podem passar a resolver suas controvérsias de forma imune à necessariedade da jurisdição estatal.

A análise de critérios de ordem objetiva e subjetiva autorizam a conclusão de que os entes legitimados, para a oferta dos métodos adequados de tratamento de conflitos na seara extrajudicial, possuem legitimidade e capacidade para promoção de tais serviços de forma associada ou conjunta.

Outras iniciativas podem ainda surgir para o atendimento célere e adequado dos conflitos existentes, especialmente ante a crescente expectativa, em todo o País, de que os métodos de tratamentos adequados de conflitos impliquem uma ampliação do acesso à ordem jurídica justa e contribuam com a efetiva pacificação social.

Por certo que, como tudo aquilo que é inovador, dependerá da gradual aceitação da sociedade a efetiva aplicação dos métodos extrajudiciais de adequado tratamento de conflitos. É uma mudança de paradigma que depende da construção de uma nova mentalidade coletiva.

Conclui-se, portanto, ser possível, inclusive com redução de custos e contemplando-se o ideal de celeridade, a realização de acordos e a solução de conflitos de maneira adequada, em ambiente urbe e organizado, mediante a intervenção de agentes capacitados em mediação e conciliação, apaziguando-se de forma satisfatória os envolvidos e restabelecendo-se a paz social. E para tal desiderato podem se associar, trabalhar conjuntamente ou cooperar os cartórios e as câmaras privadas, aos quais compete o manejo dos métodos adequados de tratamentos de conflitos em nível extrajudicial.

REFERÊNCIAS

ALMEIDA, João Ferreira de. *A Bíblia Sagrada. Sociedade Bíblica do Brasil*. 2. ed. São Paulo: [*s. n.*], 1993.

ALVES, Rafael Francisco; GABBAY, Daniela Monteiro; LEMES, Selma Ferreira. Projeto de pesquisa: Arbitragem e Poder Judiciário. Parceria institucional acadêmico científica da Escola de Direito de São Paulo da FGV e do Comitê Brasileiro de Arbitragem (CBAr). *Revista Brasileira de Arbitragem*, v. 19, 2008.

ALVIM, José Eduardo Carreira. *Comentários à Lei de Arbitragem (Lei 9.307, de 23/9/1996)*. Rio de Janeiro: Lumen Juris, 2002.

ASSOCIAÇÃO DOS NOTÁRIOS E REGISTRADORES DO ESTADO DO ESPÍRITO SANTO. Cartórios de todo o Brasil estão autorizados a realizar atos de mediação e conciliação: Norma publicada pelo Poder Judiciário permite a resolução de litígios diretamente em unidades de Notas e Registros presentes em todos os municípios do País. *Revista de Direito Notarial e Registral do Espírito Santo*, Vitória, ano IV, n. 36, p. 8, abr. 2018.

ASSOCIAÇÃO DOS NOTÁRIOS E REGISTRADORES DO ESTADO DO ESPÍRITO SANTO. *População dá Nota à Confiabilidade das Instituições*: Correios, igrejas, cartórios e imprensa são aprovados com média acima de sete, segundo o Datafolha. [*S. l.*]: Anoreg/ES, 2009. Disponível em: http://www.anoreg.org.br/site/salas-tematicas/pesquisa-datafolha/. Acesso em: 10 nov. 2018.

AYOUB, Luiz Roberto. *Arbitragem*: O acesso à justiça e a efetividade do processo. Uma nova proposta. Rio de Janeiro: Lumen Juris, 2005.

AZEVEDO, André Gomma. Autocomposição e processos construtivos: uma breve análise de projetos-piloto de mediação forense e alguns de seus resultados. *In*: AZEVEDO, André Gomma (org.). *Estudos em Arbitragem, Mediação e Negociação, v. 3*.

Brasília: Ed. Grupos de Pesquisa, 2004. Disponível em http://www.arcos.org.br/livros/estudos-de-arbitragem-mediacao-e-negociacao-vol3/parte-ii-doutrina-parte-especial/autocomposicao-e-processos-construtivos-uma-breve-analise-de-projetos-piloto-de-mediacao-forense-e-alguns-de-seus-resultados. Acesso em: 10 dez. 2018.

BLASKESI, Eliane. Cartórios: competência dos serviços notariais e registrais. *Revista Jus Navigandi*, Teresina, ano 24, n. 5694, 2 fev. 2018. Disponível em: https://jus.com.br/artigos/68267. Acesso em: 4 fev. 2019.

BORGES, Éderson; SCOTTI, Sullivan; CUNHA, André; ZILLI NETO, Pedro; CUNHA, Andiara Pickler. As Câmaras Privadas de Mediação e Conciliação como Alternativa para a Solução Negocial de Conflitos de Interesses. *In*: MELLER, Diogo Lentz; CARVALHO, Flávio Rodrigo Masson (org.). *Constituição e justiça*: estudos e reflexões. Coordenação: Joélia Walter Sizenando Balthazar. Revisão: Luiza Liene Bressan. Supervisão: Pedro Zilli Neto. [*S. l.*]: Fundação Educacional Barriga Verde, 2017.

BRAGA NETO, Adolfo. Alguns Aspectos Relevantes sobre a Mediação de Conflitos. In: GRINOVER, Ada Pellegrini. WATANABE, Kazuo; LAGRASTA NETO, Caetano. *Mediação e Gerenciamento do Processo*. São Paulo: Atlas, 2008.

BRANDELLI, Leonardo. *Teoria Geral do Direito Notarial*. Porto Alegre: Livraria do Advogado, 1998.

BRASIL. *Consolidação Normativa Notarial e Registral*. Corregedoria-Geral de Justiça. Tribunal de Justiça. Estado do Rio Grande do Sul. Porto Alegre: Tribunal de Justiça, 2011. Disponível em: http://www.tjrs.jus.br. Acesso em: 15 jan. 2018.

BRASIL. *Constituição (1824)*. Constituição Politica do Império do Brazil nº 1824, de 25 de março de 1824. Rio de Janeiro: Conselho de Estado, 1924. Disponível em: http://www.planalto.gov.br/ccivil_03/Constituicao/Constituicao24.htm. Acesso em: 14 jan. 2019.

BRASIL. *Constituição*. República Federativa do Brasil de 1988. Brasília, DF: Senado Federal, 05 out. 1988. Disponível em: http://www.planalto.gov.br/ccivil_03/constituicao/ConstituicaoCompilado.Htm. Acesso em: 10 nov. 2018.

BRASIL. Decreto nº 359, de 25 de abril de 1980. Revoga as leis que exigem a tentativa da conciliação preliminar ou posterior como formalidade essencial nas causas civeis e commerciaes. *Sala das Sessões do Governo Provisório*, Rio de Janeiro, 26 abr. 1980. Disponível em: https://www2.camara.leg.br/legin/fed/decret/1824-1899/decreto-359-26-abril-1890-506287-publicacaooriginal-1-pe.html. Acesso em: 14 jan. 2019.

BRASIL. Fórum Nacional de Juízes Estaduais – FONAJE. Enunciado Cível 6. Não é necessária a presença do juiz togado ou leigo na Sessão de Conciliação, nem a do juiz togado na audiência de instrução conduzida por juiz leigo. *XXXVII FONAJE*, Florianópolis, SC. Disponível em: http://www.cnj.jus.br/corregedoriacnj/redescobrindo-os-juizados-especiais/enunciados-fonaje/enunciados-civeis. Acesso em: 14 jan. 2019.

BRASIL. Lei nº 7.244, de 07 de Novembro de 1984. Dispõe sobre a criação e o funcionamento do Juizado Especial de Pequenas Causas. *Diário Oficial da União*, Brasília, DF, 08 out. 1984. Disponível em: http://www.planalto.gov.br/ccivil_03/LEIS/1980-1988/L7244.htm. Acesso em: 14 jan. 2019.

BRASIL. Lei nº 9.099, de 26 de setembro de 1995. Dispõe sobre os Juizados Especiais Cíveis e Criminais e dá outras providências. *Diário Oficial da União*, Brasília, DF, 27 set. 1995. Disponível em: http://www.planalto.gov.br/ccivil_03/LEIS/L9099.htm#art97. Acesso em: 14 jan. 2019.

BRASIL. Lei nº 9.307 de 23 de setembro de 1996. Dispõe sobre a arbitragem. *Diário Oficial da União*, Brasília, DF, 24 set. 1996. Disponível em:

http://www.planalto.gov.br/ccivil_03/leis/L9307.htm. Acesso em: 28 de set. de 2018.

BRASIL. Lei nº 13.140, de 26 de junho de 2015. Dispõe sobre a mediação entre particulares como meio de solução de controvérsias e sobre a autocomposição de conflitos no âmbito da administração pública. *Diário Oficial da União*, Brasília, DF, 29 jun. 2015c. Disponível em: http://www.planalto.gov.br/ccivil_03/_ato2015-2018/2015/Lei/L13140.htm. Acesso em: 26 de set. 2018.

BRASIL. Lei nº 13.105, de 16 de março de 2015. Código de Processo Civil. *Diário Oficial da União*, Brasília, DF, 17 mar. 2015b. Disponível em: http://www.planalto.gov.br/ccivil_03/_Ato2015-2018/2015/Lei/L13105.htm. Acesso em: 14 jan. 2019.

BRASIL. Lei de 15 de outubro de 1827. Crêa em cada uma das freguezias e das capellas curadas um Juiz de Paz e supplente. *Chancellaria-mór do Imperio do Brazil*, Rio de Janeiro, 31 out. 1827. Disponível em: https://www2.camara.leg.br/legin/fed/lei_sn/1824-1899/lei-38396-15-outubro-1827-566688-publicacaooriginal-90219-pl.html. Acesso em: 14 jan. 2019.

BRASIL. Senado Federal. *Código de Processo Civil – e normas correlatas*. 7. ed. Brasília, DF: Senado Federal, Coordenação de Edições Técnicas, 2015a. Disponível em: https://www2.senado.leg.br/bdsf/bitstream/handle/id/512422/001041135.pdf. Acesso em: 14 jan. 2019.

BRASIL. Supremo Tribunal Federal. Agravo Regimental nº 5206-7/SE. *Lei de arbitragem: controle incidental de constitucionalidade e o papel do STF*. Agravante: MBV Commercial and Export Management Establisment. Agravado: Resil Indústria e Comércio – Ltda. Relator: Sepúlveda Pertence, 12 de dezembro de 2001. Disponível em: http://www.stf.jus.br/portal/jurisprudencia/visualizarEmenta.asp?s1=000013625&base=base acordaos. Acesso em: 15 set. 2018.

BRASIL. Supremo Tribunal Federal (Tribunal Pleno). ADI 3643. Relator: Min. Ayres Britto, 08 de novembro de 2006. *Diário de Justiça*, 16 fev. 2007.

CABRAL, Marcelo Malizia. *Os meios alternativos de resolução de conflitos:* instrumentos de ampliação do acesso à justiça. 2013. 176 p. Dissertação (Mestrado Profissional em Poder Judiciário) – Fundação Getúlio Vargas, Porto Alegre, 2013.

CABRAL, Trícia Navarro Xavier. Permitir que cartórios façam conciliação e mediação é iniciativa bem-vinda. *ConJur.com.br.*, 2018. Disponível em: https://www.conjur.com.br/2018-abr-05/tricia-navarro-permitir-conciliacao-cartorios-medida-bem-vinda?imprimir=1. Acesso em: 10 nov. 2018.

CALMON, Petrônio. *Fundamentos da Mediação e da Conciliação.* Rio de Janeiro: Forense, 2007.

CAPPELETTI, Mauro; GARTH, Bryant. *Acesso à Justiça.* Tradução: Ellen Gracie Northfl eet. Porto Alegre: Sergio Antonio Fabris Editor, 1988.

CENEVIVA, Walter. *Lei dos Notários e dos Registradores Comentada.* 6. ed. São Paulo: Saraiva, 2007.

CENEVIVA, Walter. *Lei dos Registros Públicos comentada.* 15. ed. São Paulo: Saraiva. 2002.

CHIMENTI, Ricardo Cunha. A Conciliação e a Mediação no novo Código de Processo Civil e nas Leis n. 13.129/2015 e 13.140/2015. *Cadernos Jurídicos*, São Paulo, ano 16, n. 41, p. 89-108, jul./set. 2015.

CINTRA, Antônio Carlos de Araújo; GRINOVER, Ada Pellegrini; DINAMARCO, Cândido Rangel. *Teoria Geral do Processo.* 24. ed. São Paulo:Malheiros, 2008.

CONSELHO NACIONAL DE JUSTIÇA. *Câmaras Privadas.* Brasília, DF: Conselho Nacional de Justiça, [entre 2015 e 2018a].

Disponível em: http://www.cnj.jus.br/programas-e-acoes/conciliacao-e-mediacao-portal-da-conciliacao/perguntas-frequentes/camara-privada. Acesso em: 12 mar. 2018.

CONSELHO NACIONAL DE JUSTIÇA. *Consulta - 0003416-44.2016.2.00.0000*. Conselheiro Relator: Lelio Bentes Corrêa, 15 de junho de 2017. Disponível em: https://www.conjur.com.br/dl/cnj-aceita-notario-conciliador-barra.pdf. Acesso em: 09 mar. 2018.

CONSELHO NACIONAL DE JUSTIÇA. *Justiça em Números 2018*: ano-base 2017. Brasília, DF: CNJ, 2018a. Disponível em: http://www.cnj.jus.br/files/conteudo/arquivo/2018/08/44b7368ec6f888b383f6c3de40c32167.pdf. Acesso em: 09 mar. 2018.

CONSELHO NACIONAL DE JUSTIÇA. *Manual de Mediação Judicial*. 5. ed. Brasília, DF: Conselho Nacional de Justiça, 2015a. Disponível em: http://www.cnj.jus.br/files/conteudo/arquivo/2016/07/f247f5ce60df2774c59d6e2dddbfec54.pdf. Acesso em: 09 mar. 2018.

CONSELHO NACIONAL DE JUSTIÇA. *Política Judiciária Nacional, NUPEMECs e CEJUSCs*: Como está estruturada a Política Judiciária Nacional de tratamento adequado de conflitos?. Brasília, DF: CNJ, [entre 2015 e 2018b]. Disponível em: http://www.cnj.jus.br/programas-e-acoes/conciliacao-e-mediacao-portal-da-conciliacao/perguntas-frequentes/politica-judiciaria-nacional-nupemecs-e-cejuscs. Acesso em: 12 mar. 2018.

CONSELHO NACIONAL DE JUSTIÇA. *Provimento nº 67, de 26 de março de 2018*. Dispõe sobre os procedimentos de conciliação e de mediação nos serviços notariais e de registro do Brasil. Brasília, DF: CNJ, 2018b. Disponível em: http://www.cnj.jus.br/files/atos_administrativos/provimento-n67-26-03-2018-corregedoria.pdf. Acesso em: 12 mar. 2018.

CONSELHO NACIONAL DE JUSTIÇA. *Resolução nº 125, de 29 de novembro de 2010*. Dispõe sobre a Política Judiciária Nacional de tratamento adequado dos conflitos de interesses no âmbito do Poder Judiciário e dá outras providências. Brasília, DF: CNJ, 2010.

Disponível em:
http://www.cnj.jus.br/files/atos_administrativos/resoluo-n125-29-11-2010-presidncia.pdf. Acesso em: 12 mar. 2018.

DEMARCHI, Juliana. Técnicas de Conciliação e Mediação. *In*: GRINOVER, Ada Pellegrini. WATANABE, Kazuo; LAGRASTA NETO, Caetano. *Mediação e Gerenciamento do Processo*. São Paulo: Atlas, 2008.

DIDIER JÚNIOR, Fredie. *Curso de direito processual civil*: introdução ao direito processual civil, parte geral e processo de conhecimento. 18. ed. Salvador: JusPodivm, 2016. v. 1.

DINAMARCO, Candido Rangel. Tutela Jurisdicional. *Fundamentos do Processo Civil Moderno*. 6. ed. São Paulo: Malheiros, 2010. v. II.

FISCHER, Robert; URY, William; PATTON, Bruce. *Como chegar ao sim* – a negociação de acordos sem concessões. Tradução: Vera Ribeiro e Ana Luiza Borges. 2. ed. Rio de Janeiro: Imago, 2005.

FLENIK, Damiano; FLENIK, Giordani. Câmaras de Arbitragem: serviços de excelência. *RCSC*, Florianópolis, ano III, n. 3, ago. 2015. Disponível em: http://www.adambrasil.com/wp-content/uploads/2015/07/rcsc_2015_adam.pdf. Acesso em: 7 nov. 2018.

FLOR, Joseane dos Santos. *Métodos consensuais de soluções de conflitos no âmbito do Tribunal de Justiça do estado da Paraíba*. 2017. 100 p. Monografia (Especialização em Prática Judicante) – Universidade Estadual da Paraíba, João Pessoa, 2017.

FOLEY, Glaucia Falsarella Pereira. *O poder judiciário e a coesão social*. Concurso de monografia da AMB. Disponível em: https://www2.tjdft.jus.br/imp/docImp/monografiaAMB.pdf. Acesso em: 28 ago. 2018.

FRADE, Catarina. A resolução alternativa de litígios e o acesso à justiça: A mediação do sobreendividamento. *Revista Crítica de Ciências Sociais*, Coimbra, v. 65, p. 107-128, 2003.

FUNDAÇÃO GETÚLIO VARGAS. *Relatório ICJ Brasil*. [*S. l.*]: FGV, 2017. Disponível em: http://bibliotecadigital.fgv.br/dspace/bitstream/handle/10438/19034/Relatorio-ICJBrasil_1_sem_2017.pdf?sequence=1&isAllowed=y. Acesso em: 9 mar. 2018.

GARCEZ, José Maria Rossani. *Negociação. Adrs. Mediação. Conciliação e Arbitragem*. 2. ed. rev. e ampl. Rio de Janeiro: Lumen Juris, 2004.

GIANULO, Wilso. *Conciliação*. São Paulo: ADV (Advocacia Dinâmica) Seleções Jurídicas, 2003.

GRINOVER, Ada Pellegrini. Os métodos consensuais de solução de conflitos no novo CPC. *In*: Vários Autores. *O Novo Código de Processo Civil*: Questões Controvertidas. São Paulo: Atlas, 2015. p. 1-21.

HILL, Flávia Pereira. Mediação nos Cartórios Extrajudiciais: Desafios e Perspectivas. *Revista Eletrônica de Direito Processual – REDP*, Rio de Janeiro, ano 12, v. 19, n. 3, p. 296-323, set./dez. 2018. Disponível em: https://www.e-publicacoes.uerj.br/index.php/redp/article/viewFile/39175/27450. Acesso em: 10 nov. 2018.

LEITÃO, Fernanda de Freitas. A mediação e o provimento CNJ n. 67/2018. Mediação extrajudicial. *Revista Jus Navigandi*, Teresina, ano 23, n. 5442, 26 maio 2018. Disponível em: https://jus.com.br/artigos/66350. Acesso em: 4 fev. 2019.

LEMES, Selma Ferreira. *Arbitragem em números e valores*. [*S. l.: s. n.*], [entre 2015 e 2017]. Disponível em: http://selmalemes.adv.br/artigos/An%C3%A1lise%20da%20pesquisa%20arbitragens%20em%20n%C3%BAmeros%20_2010%20a%202015_-final%20ret.pdf. Acesso em: 9 fev. 2019.

LIMA, João Batista de Souza. *As mais antigas normas de direito*. Rio de Janeiro: Forense, 1983.

LIMA, Lucas Almeida de Lopes. A Atividade Notarial e Registral e sua Natureza Jurídica. In: *Âmbito Jurídico*, Rio Grande, XIV, n. 92, set 2011. Disponível em: http://www.ambito-juridico.com.br/site/index.php?n_link=revista_artigos_leitura&artigo_id=10253. Acesso em: 4 fev. 2019.

LUCHIARI, Valeria Ferioli Lagastra. *Mediação Judicial*: análise da realidade brasileira – origem e evolução histórica até a Resolução n. 125, do Conselho Nacional de Justiça. Rio de Janeiro: Forense, 2012.

MAZZEI, Rodrigo; CHAGAS, Bárbara Seccato Ruis. Breve diálogo entre os negócios jurídicos processuais e a arbitragem. *Revista de Processo*, v. 237/2014, p. 223-236, nov. 2014.

MERÇON-VARGAS, Sarah. *Meios Alternativos na Resolução de Conflitos de Interesses Transindividuais*. 2012. 180 p. Dissertação (Mestrado em Direito) – Faculdade de Direito, Universidade de São Paulo, São Paulo, 2012.

MOTA, Rachel Girão Sobreira. *Métodos de Tratamento Adequados de Conflitos no Poder Judiciário*. 2014. 51 p. Monografia (Especialização em Direito Processual Civil e Gestão de Processo) – Escola Superior da Magistratura do Estado do Ceará, Fortaleza, 2014.

MUNIZ, Joaquim de Paiva. *Curso Básico de Direito Arbitral*: teoria e prática. Curitiba: Juruá, 2015.

NERY JUNIOR, Nelson; NERY, Rosa Maria de Andrade. *Comentários ao Código de Processo Civil*. São Paulo: Editora Revista dos Tribunais, 2015.

ORDEM DOS ADVOGADOS DO BRASIL, SECCIONAL DE GOIÁS. *Manual Prático De Medição Para Advogados*. Goiânia: OAB/GO, [entre 2015 e 2017]. Disponível em: http://www.oabgo.org.br/arquivos/downloads/4733a-cartiha-comissao-de-mediacao-317141617.pdf. Acesso em: 9 mar. 2018.

PADOIN, Fabiana Fachinetto. *Direito notarial e registral*. Ijuí: Unijuí, 2011.

RANZOLIN, Ricardo. *Novo Código de Processo Civil Anotado*. Porto Alegre: OAB/RS, 2015.

REICHELT, Luís Alberto. Considerações sobre a mediação e conciliação no Projeto de Novo Código de Processo Civil. *Revista de Direito do Consumidor*, São Paulo, v. 24, n. 97, p. 123-143, jan./fev. 2015.

RIBEIRO, Luís Paulo Aliende. *Regulação da função pública notarial e de registro*. São Paulo: Saraiva, 2009.

RODRIGUES JUNIOR, Walsir Edson. *A Prática da Mediação e o Acesso à Justiça*. Belo Horizonte: Del Rey, 2006.

RODRIGUES, Silvana Yara de Castro Souza. *Mediação judicial no Brasil*: avanços e desafios a partir do Novo Código de Processo Civil e da Lei de Mediação. Dissertação (Mestrado em Direito) – Universidade Autónoma de Lisboa, Lisboa, jul. 2016.

SALES, Lília Maia de Morais. *Justiça e mediação de conflitos*. Belo Horizonte: Del Rey, 2004.

SALES, Lília Maia de Moraes. *Mediação de conflitos*: família, escola e comunidade. Florianópolis: Conceito Editorial, 2007.

SANTA CATARINA. Tribunal de Justiça de Santa Catarina. *Resolução nº 18, de 18 de julho de 2018*. Estabelece normas e procedimentos para o cadastramento de conciliadores e de mediadores, o credenciamento de câmaras privadas de conciliação e mediação, sua atuação, supervisão e desligamento no âmbito do Poder Judiciário do Estado de Santa Catarina. Florianópolis: TJ/SC, 2018. Disponível em: http://busca.tjsc.jus.br/buscatextual/integra.do?cdSistema=1&cdDocumento=172351&cdCategoria=1&q=cadastro&frase=&excluir=&qualquer=&prox1=&prox2=&proxc. Acesso em: 14 jan. 2019.

SANTOS, Boaventura de Sousa. O acesso à justiça. *In*: JUSTIÇA: promessa e realidade. O acesso à justiça em países ibero-americanos. Organização Associação dos Magistrados Brasileiros, AMB. Rio de Janeiro: Nova Fronteira, 1996.

SILVA, Érica Barbosa e. *Conciliação Judicial*. Brasília, DF: Gazeta Jurídica, 2013.

TARTUCE, Fernanda. *Mediação nos conflitos civis*. São Paulo: Método, 2008.

TARTUCE, Fernanda. *Mediação nos Conflitos Civis*. 2. ed. rev., atual. e ampl. Rio de Janeiro: Forense; São Paulo: Método, 2015.

TAVARES, Fernando Horta. *Mediação & conciliação*. Belo Horizonte: Mandamentos, 2002.

TOURINHO NETO, Fernando da Costa; FIGUEIRA JÚNIOR, Joel Dias. *Juizados especiais estaduais cíveis e criminais*: comentários à Lei 9.099/1995. 6. ed. rev. atual. e. ampl. São Paulo: Revista dos Tribunais, 2009.

VASCONCELOS, Carlos Eduardo de. *Mediação de conflitos e práticas restaurativas*. 4. ed. rev. atual. e ampl. São Paulo: Método, 2015.

WATANABE, Kazuo. A mentalidade e os meios extrajudiciais de solução de conflitos. *In*: GRINOVER, Ada Pellegrini; WATANABE, Kazuo; LAGRASTA NETO, Caetano (coord.). *Mediação e erenciamento do Processo*. São Paulo: Atlas, 2008.

WATANABE, Kazuo. Modalidade de Mediação. *In*: DELGADO, José *et al*. *Mediação*: um projeto inovador. Brasília, DF: Centro de Estudos Judiciários, 2003.

WATANABE, Kazuo. Política Pública do Poder Judiciário Nacional para tratamento adequado dos conflitos de interesse. *In*: PELUZO, Antônio Cezar; RICHA, Morgana de Almeida (coord.). *Conciliação e Mediação*: Estruturação da Política Judiciária Nacional. Rio de Janeiro: Forense, 2011. Disponível em: http://www.tjsp.jus.br/Download/Conciliacao/Nucleo/ParecerDesKazuoWatanabe.pdf. Acesso em: 27 nov. 2018.

ZAMBONI, Alex Alckmin de Abreu Montenegro. *O Ensino Jurídico e o Tratamento Adequado Dos Conflitos*: Impacto da Resolução n. 125 do CNJ sobre os Cursos de Direito. 2016. 142 p. Dissertação (Mestrado em Direito) – Universidade de São Paulo, São Paulo, 2016.

www.ingramcontent.com/pod-product-compliance
Lightning Source LLC
Chambersburg PA
CBHW070658220526
45466CB00001B/492